Friedrich Weinreb **Gotteserfahrung**

Friedrich Weinreb

Gotteserfahrung

Textfassung
Christian Schneider

Thauros Verlag Weiler im Allgäu

Autorisierte schriftliche Ausarbeitung der drei Vorträge
›Von der Gotteserfahrung in der Bibel‹,
die Friedrich Weinreb am 22.4., 29.4. und 6.5.1979
auf Einladung von Graf Dürckheim in Todtmoos-Rütte gehalten hat.
Das Abschreiben der Tonbänder besorgte Bernd Baader,
die Textfassung und Redaktion Christian Schneider.

1.-3. Tausend

Jakob-Huber-Straße 9 D-88171 Weiler im Allgäu
Typografie Rudolf Paulus Gorbach
Herstellung und Satz Gorbach GmbH Buchendorf
Gesetzt aus der Adobe Caslon
Druck und Bindung bei Kösel, Kempten
ISBN 3-88411-058-6
Printed in Germany

Inhalt

Vorwort des Herausgebers

Unsere Wörter, massenhaft, haben das Wort verschüttet. Seine ›Stimme des Schweigens‹[1] scheint in der Wörterschwemme erstickt. Theologen suchen es mit wissenschaftlichem Aufwand heim, machen es zum Gegenstand ihrer kritischen Bemühungen, um aus historischen Rekonstruktionen zeitgemäße Glaubensimpulse zu gewinnen.

Doch neben dem abschließenden Wort, gesättigt von Wissen und Erkenntnis, steht das eröffnende Wort, das die Verbindung trägt, den Bund und den erneuerten Bund. Als einzige Brücke zu Gott verspricht es jedem, der eintritt, ihn in die Fülle des Lebens zu führen. Was wir auf diesem Weg erfahren, läßt die gewohnten begrifflichen Fassungen abblättern. Was zu Wort kommt, beziehungsreich und vielschichtig, ist das Wort, das die Quelle, den, von dem es ausgeht, mit sich bringt.

Wie Gott sich in der Bibel erzählt und die Welt und alles Weltgeschehen und das einzigartige Leben eines jeden Menschen miterzählt – für solche, im wahrsten Sinne des Wortes unerhörte Selbsterfahrung öffnet Friedrich Weinreb das Ohr des Lesers. Denn nichts anderes gibt die Bibel als ›Bilder, die für eine unerschütterliche innere Gewißheit notwendig sind, Gestalten, die zu der bereits im Absoluten sich befindenden religiösen Seele sprechen‹[2].

[1] 1. Könige 19,12

[2] Emmanuel Lévinas, Judentum und Gegenwart, in: Schwierige Freiheit, Frankfurt am Main 1996, S. 163

Wer davon spricht, wie wir Gott erleben und erfahren, wirft zugleich die Frage des Ausbleibens oder der Abwesenheit von Gotteserfahrung überhaupt auf. Eine Art negatives Gotteserleben scheint schon fast zu den Selbstverständlichkeiten unserer Gegenwartskultur zu gehören. Auch der Zweifel – die Verzweiflung – ist der Bibel eingeschrieben, denn die Frage: ›Ist Gott unter uns oder nicht?‹ (2. Mose 17,7) wird von Israel im Menschen unablässig gestellt. Und weil sie zu uns gehört, mit schwerwiegenden Folgen übrigens, wie die nächsten Verse zeigen, hat sie uns der Kommentator Raschi in ihrer ganzen Tragweite als Geschichte erzählt: Der Vater trägt sein Kind auf seinen Schultern durch die Welt. Und wenn das Kind etwas auf dem Weg entdeckt, das es haben möchte, dann liest es der Vater auf und gibt es ihm, um es zu erfreuen. Als es einmal zur Begegnung mit anderen Reisenden kommt, fragt sie das Kind: Könnt ihr mir sagen, wo ich meinen Vater finde? – Eine Geschichte, in der wir uns selbst begegnen, kann, wie es Friedrich Weinreb hier andeutet, die entscheidende Antwort bringen: ›Am Ende der Zeit, sagt man, sind die Kinder schläfrig und können nur noch Geschichten hören. Und wenn die Kinder – das sind wir doch selber – Geschichten zuhören, dann ist es gut, dann ist es der Weg zur Erlösung.‹

Weiler im Allgäu,
am Sonntag der göttlichen Barmherzigkeit 2002
Christian Schneider

Die Schrift in uns

Wenn ich zu Ihnen von der Gotteserfahrung in der Bibel spreche, so tue ich das gewiß nicht als Theologe, für den die Bibel eine Sammlung von Erzählungen und Mitteilungen ist, die vor Jahrtausenden durch mehrere Bearbeiter ihre heute vorliegende Textform gefunden hat. Für mich – und natürlich nicht nur für mich – ist die Bibel eine Erfahrung und kein Objekt zum Studieren. Ich glaube auch, daß man die Bibel nur erfahren, erleben kann. Wenn man sie studiert, ist das so, wie wenn man in einen anatomischen Atlas schaut, um den Menschen kennenzulernen. Es gibt da allerlei rote und blaue und gelbe Linien –, der Mensch selber aber kommt dort nicht vor.

Deshalb möchte ich aus der Erfahrung sprechen, die mir im Laufe meines Lebens gekommen ist, die aber auch, wie ich glaube, schon in mein Leben hier hineingelegt wurde. Und wenn ich von mir spreche, dann möchte ich mich damit nicht in ein Gegenüber zu Ihnen stellen, sondern hoffe, daß jeder mit seinen eigenen Erlebnissen und Erfahrungen imstande ist, das auf gleiche Art auch mitzuerleben.

Kein Dozieren also, wie Sie es vielleicht von Theologen oder Judaisten gewohnt sind, und wenn ich manchmal deren Begriffe benutze, dann im Sinne von Urtypen im Menschen selbst. Ich glaube, daß sie auch so gemeint sind, daß die Wiedergabe der Erlebnisse so bedingt ist, daß von Seiten des Erzählenden erhofft, sogar erwartet wird, ein Hörer, ein Leser werde das in sich wiederfinden und sagen: Aha, natürlich, das kenne ich doch schon längst! Und die Art der Worte, auf die er es jetzt hört, könnte ihm neue Wege zeigen, seine eigenen Erfahrungen besser und leichter im Sinne der Freude und Einsicht zu erleben.

Im Anfang

Anfang der Gotteserfahrung –: Die Bibel beginnt doch mit der Mitteilung, daß Gott die Welt erschaffen hat. ›Im Anfang‹ lautet die Übersetzung des ersten Wortes, und den Begriff ›Anfang‹ verstehen wir als Beginn einer kausalen Reihe: Erst kommt das, dann dieses, dann jenes usw.. Das hebräische Wort »bereschith« läßt sich zwar auch mit ›im Anfang‹ übersetzen, bedeutet aber eigentlich ›im Prinzip‹ oder ›in der Hauptsache‹ – also mehr ein Anfang im geistigen als in einem zeitlichen Sinn. Es mag sein, daß der Mensch das in der Erscheinung in Zeit und Raum auch so erlebt, daß es wie der Anfang aussieht, aber es bleibt dann immer die Frage: Und was war vorher? Wenn Gott die Welt erschaffen hat – wer hat dann Gott geschaffen? Usw.. Das Fragen hört nicht auf, kausal weiter und weiter zu bohren.

Mit diesem ›Gott hat die Welt erschaffen‹ stellt sich mir auch gleich die Frage: Ist Gott etwas mir gegenüber, eine Macht, die je nach Laune mit mir und der Welt tun kann, was sie will? Oder gibt es eine Beziehungsmöglichkeit? Vielleicht eine so weitgehende, daß ich mich auch bei Gott erkenne, wie Gott sich vielleicht im Menschen erkennt?

Der Name Adam, das hebräische Wort für Mensch, könnte seiner Etymologie nach mit ›ich gleiche‹ übersetzt werden; »dome«, gleichen, und die Alef davor für ›ich‹, also die erste Person. Dieses hebräische Wort für ›gleichen‹ ist aber auch praktisch identisch mit ›Stille‹, ›Schweigen‹. Solches Gleichen kann also nur in der Stille erlebt werden.

Die Schöpfung, die Gott selbst als ›sehr gut‹ (1. Mose 1,31) empfindet, endet mit dem Menschen, ihrer ›Krone‹, mit dem Adam, dem Begriff ›ich gleiche‹. Wer sagt das? Gott nennt den Menschen so, sieht ihn also als den, zu dem er ›ich gleiche ihm‹ sagt. Auch der Mensch nennt sich ›ich gleiche‹. Und wem gleicht er? Vielleicht gerade dem, dem er gegenübersteht. Auch hier also, im ›Gleichen‹, ein Gegenüberstehen.

Der Schöpfer erschafft, und dort, wo das Erschaffene seine höchste Form, das höchste Sein hat, nennt er es: ›ich gleiche‹. Die Welt ist für mich konkret: sie ist da. Gott, unnennbar, nicht feststellbar, ist mir gegenüber. Ich meine das nicht distanzmäßig, denn das hieße: im Raum gegenüber. Man könnte im Gegenüber auch sehen: Alles mit einem anderen Vorzeichen als das, was *mein* Dasein ausmacht. Wenn hier also das Konkrete ist, ist im Gegenüber gerade das Nichtkonkrete, bis zu dem, was wir als ›Nichts‹ empfinden. Das Nichts ist sozusagen auch unser Gegenüber. Merkwürdig ist nun, daß das hebräische Wort für Nichts mit den gleichen Buchstaben geschrieben wird wie das Wort für ›Ich‹.

Die Schöpfungsgeschichte zeigt mir als erste Erfahrung des Hineinkommens in die Welt, daß der, der mich ins Dasein wirft, mir gleicht. Es ist also nicht so, daß eine Seite die andere ausschließt; vielmehr machen sie einander sozusagen erst vollkommen. In diesem Sinn wäre Schöpfung also etwas ganz Merkwürdiges: ein Erschaffenwerden aus einer Quelle, in der ich eigentlich auch bin; und der Schöpfer aus dieser Quelle ist hier im Erschaffenen auch da.

Im Christlichen gibt es dafür den Begriff ›Sohn‹: Gottes, des Vaters Anwesenheit im Sinne des Erlösenden, des Heilenden, hier in der Welt. Also vor allem keine Trennung der einen von der anderen Seite. Dargestellt wird gerade eine Verbundenheit.

In der Schöpfungsgeschichte wird am Anfang, den wir mitzuerleben versuchen, die Welt ein »tohu wabohu« genannt, ein Ausdruck, der auch in andere Sprachen Eingang gefunden hat. Wir sagen dafür auch ›Chaos‹. Im Hebräischen bedeutet es auch ein Durcheinander, aber ein Durcheinander, in dem ein Prinzip der Ordnung da ist. Der Ausdruck »bohu« kann mit ›in ihm ist es da‹ übersetzt werden.

So könnten wir auch unser eigenes Leben, unser Schicksal als sehr chaotisch empfinden; dennoch, wie eine Herausforderung, spüren wir: Gibt es darin nicht doch eine Ordnung? Ist darin nicht etwas, wodurch das Ganze einen Sinn hat? Einerseits die Verzweiflung des Durcheinander, andererseits die Ahnung, es könnte doch ein Zusammenhang sein. Zwar jeder Situation ausgesetzt, sozusagen ins Konkrete geworfen, aber dann auch das Gefühl: Wo komme ich denn her? Wird es vielleicht erst verständlich, wenn ich den Ursprung, diese andere Seite, die gegenüberstehende, mir näherbringe? Und finde ich mich vielleicht erst von dort her, wo meine Seite mit der anderen verbunden ist –, finde ich mich etwa erst von dort her wieder?

Nachdem erzählt wurde, daß die Welt, die Erde »tohu wa-bohu« ist, heißt es weiter: ›und Finsternis herrscht über dem Abgrund‹, wie man übersetzt. ›Finsternis‹ und ›Abgrund‹ – Bilder, die wir in unserem Erleben wiederfinden könnten wie Traumbilder. Wie träumt man den Begriff ›Finsternis‹?

Finsternis, heißt es, bedeutet Erstarrung. Es ist nun mal so, kann sich nicht ändern. Die Dinge haben nicht die Möglichkeit, anders zu werden. Wenn wir, könnte man sagen, Formeln aufstellen, Theorien machen, Schablonen, dann sind wir vielleicht im Griff der Finsternis. Das Wort für Abgrund, »tehom«, ist fast gleich geschrieben wie »tohu«. ›Abgrund‹ sagen wir, denn durch dieses Chaos sieht alles sinnlos aus, zum Verzweifeln. Erstarrung herrscht, so daß nichts sich ändern kann, es keine Bewegung gibt. Der Mensch hat doch das Bedürfnis nach einem Weg, nach der Möglichkeit, sich irgendwie entwickeln zu können.

Wir könnten versuchen, dieses Erleben aus der Schöpfungsgeschichte in unser Leben hineinzubringen. Denn es ist doch keine Geschichte, die irgendwann einmal außerhalb von uns stattfand, sondern die uns angeht, in der wir einbezogen sind.

Vielleicht findet man sich in der Welt vor, wie die Welt sich als »tohu wa-bohu«, als Abgrund und Finsternis befindet. An jedem Anfang findet man sich in verzweifelter Lage, bei jeder Wahrnehmung seiner Umgebung: So ist es nun einmal und nicht zu ändern. Das Kind, das geboren wird – vielleicht empfindet es sich so? Und immer wieder, in jeder neuen Situation erleben wir uns vielleicht auch so, gar nicht bewußt, sondern unbewußt. Kommt daher unser Gefühl der Unlust, des Unmuts? Von dort her sagt uns etwas: Alles ist verzweifelt.

Aber warum, wozu diese Verzweiflung? Vielleicht, damit bei uns die Sehnsucht nach etwas anderem heranwächst. Nur aus dem Gegenüber, dem äußersten, erwächst das Gefühl vom Kommen eines Weges, das Bedürfnis, irgendwie näher zu kommen. Ich bin ganz weit entfernt und möchte gern, daß eine Bewegung entsteht, daß es mir näherkommt, daß ich es erfahre, erlebe.

Vielleicht ist das der Ausgangspunkt des Weges überhaupt, einer Beziehung. Darin steckt doch der Begriff des Ziehens. Im Hohelied, wo auch zwei sich suchen, sagt die Frau: ›Zieh mich hinter dir her‹ (1,4). Was sie sucht, ist, könnte man sagen, ein Bezogensein. Mann und Frau im Hohelied sind auch Entsprechungen von Himmel und Erde. Zieh mich, sagt die Erde, meine Verzweiflung hier sagt: ziehe mich.

Die Frau, würden wir sagen, bittet den Mann, daß er sie heranzieht. Aber ist der Mensch nicht als Mann und Frau in einem erschaffen? Ich suche also den anderen Teil von mir selber. Und kommt es vielleicht deshalb zur Spaltung von Himmel und Erde, damit diese Freude des Einswerdens erlebt werden kann? Gott in seinem Einssein macht, so wird erzählt, aus sich heraus die Welt, damit er und die Welt jetzt das Einswerden erleben können; deshalb ist die Welt da.

Und so ist es doch auch mit dem Menschen, der ursprünglich Mann und Frau in einem ist. Aus ihm wird dann die Frau genommen und dem Mann gegenübergestellt, wie die Welt sozusagen aus Gott entnommen und ihm gegenübergestellt ist. Deshalb die Sehnsucht der Welt, deshalb die Sehnsucht Gottes, auch seine Eifersucht.

Ursprung der Eifersucht in uns dort, wo unser Ich lebt, auf das, was dieses Konkrete der Welt uns bietet. So daß unser Unmut aus dieser Eifersucht hervorkommt, also schon hier die beiden Seiten des menschlichen Gefühls bestehen. Sind wir nicht auf das Konkrete oft eifersüchtig, weil es sich mit allem, nur nicht mit dem Ich beschäftigt? Wo doch gerade das Ich so gern erkannt werden und nicht immer nur verdrängt sein möchte.

Eine Beziehung entsteht, wo es um ein Geliebtseinwollen geht, und »ahawa«, das hebräische Wort für Liebe, kommt vom Stamm »haw«, was ›gib!‹ oder ›nimm!‹ bedeutet. Also ein vollständiges Sich-dem-anderen-hingeben oder Den-anderen-hinnehmen, ohne vorher zu untersuchen, ob es paßt oder sich lohnt. Ich möchte vielleicht auch so hingenommen werden, wie ich bin, und nicht erst umgeformt werden; nicht daß man sich erst ein Bild machen müßte von mir, wie ich selbst möchte, daß man mich sieht: als Tüchtigen oder Erfolgreichen.

Geist Gottes über den Wassern

Immer also, schon vom Anfang her, diese Verzweiflung, wenn die konkrete Situation sich sozusagen verlassen fühlt und nichts weiß. Deshalb folgt in der Schöpfungsgeschichte dann der nächste Teil: ›und der Geist Gottes schwebend über der Fläche der Wasser‹. Wieder ein Bild, daß wir nicht getrennt von uns sehen sollten, astronomisch oder sonstwie erdgeschichtlich. Versuchen wir, es einmal wie ein Bild in einem intensiven Traum zu erleben, der uns nicht losläßt, uns festhält und um Deutung bittet. Denn Deutung, heißt es in der jüdischen Überlieferung, ist wie Heilung.

Der ›Geist Gottes‹ – wer ist das? Der Messias, sagen die alten Deutungen, der Gesalbte. Wenn wir das Salben wiederum nur im Konkreten sehen wollen und uns vorzustellen versuchen, bleiben wir verlassen, bleiben wir im »tohu wabohu«, bleibt es Finsternis über dem Abgrund.

Etwas von Gott meldet sich plötzlich. Das mit ›schwebend‹ übersetzte hebräische Wort »merachefeth« bedeutet hier eigentlich ›sorgt sich um, kümmert sich um‹. Was im allgemeinen mit ›schweben‹ richtig übersetzt wird, bliebe hier unklar in seiner Bedeutung für uns. Es erscheint etwas von Gott in unserem Leben, wie sein Sohn, der Messias, das sich um uns kümmert. Als ein Sorgen für, ein Sich-kümmern um meldet es sich bei uns. Wenn ich mich um meinen Nächsten kümmere, mich sorge um meinen Feind – vielleicht bringt das als ersten Schritt schon die Erfahrung mit sich, daß Gott durch den Gesalbten, den Messias, sich um die Welt kümmert.

›Schwebend über der Fläche der Wasser‹. Was Wasser im Traumbild bedeutet, ist klar: Zeit. Wie die Wasser fließen, fließt auch die Zeit. Mem, der Name eines hebräischen Buchstabens, bedeutet ›Wasser‹, und Mem ist zugleich die Zahl Vierzig[1], und die Zeit wird in der Bibel doch immer mit Vierzig gemessen – vierzig Tage, vierzig Jahre: wieder Traumbilder, Deutungen vom Traum her.

Es kümmert sich also etwas von dort um die Zeiten, um das Geschehen in der Zeit, wo das Entweder-Oder herrscht.

Es war die Rede vom Messias, vom Gesalbten. In der christlichen Welt ist das der Christus, und bei Paulus heißt es auch: Er ist in euch, und ihr in ihm. Und das ist nicht theologisch oder dogmatisch gemeint, sondern als Erkennungsmöglichkeit. So zitiert Paulus im Römerbrief (10,6-8) die Stelle aus dem 5. Mose, wo es heißt: Sucht es nicht im Himmel oder jenseits der Meere, sondern in eurem Herzen ist es, in eurem Mund (30,12-14). Ich führe das an, um zu zeigen, daß ich von der Totalität der Bibel her erzähle und keine Ausflüge weit weg unternehme.

Wenn ich also anfange, mich zu sorgen, mich zu kümmern um mein Schicksal oder um das Schicksal anderer –, ist das nicht ein erster Schritt in der Erfahrung, daß es sich um die Welt sorgt, um aller Schicksal? Auch um das Schicksal meiner Feinde, die mich nicht verstehen, die ich nicht verstehe, wo ganz getrennte Welten sind, daß es sich auch darum sorgt? Denn wenn die Welten getrennt blieben, wäre das Ganze sinnlos, grundlos – Abgrund, Finsternis, Erstarrung also; so ist es nun mal, getrennt, nie wird es verstanden werden.

[1] Die hebräischen Buchstaben sind zugleich Zahlen. Siehe F. Weinreb: ›Zahl, Zeichen, Wort. Das symbolische Universum der Bibelsprache‹, Thauros Verlag

Schöpfung als Weg zum Menschen

Nach dieser Mitteilung von Gottes Sich-kümmern, Sich-sorgen um das Erleben in der Zeit, folgt der dritte Vers in der Schöpfungsgeschichte: ›Und Gott spricht: Es sei Licht, und es ist Licht.‹ Jetzt also das Licht draußen, aber auch Licht drinnen: Es kann mir nun klar werden. Das Licht läßt Neues beginnen, eine Art Weg fängt an. Erzählt werden jetzt die sechs Phasen eines Weges und die siebte Phase: sechs Tage der Schöpfung und der siebte Tag der Ruhe.

Auch hier wäre es sinnlos, das durch erdgeschichtliches Untersuchen herausfinden zu wollen, obwohl es auch dort als Muster eingeprägt sein wird. Wie es auch nicht möglich ist, den Menschen bis zu seinem Bedürfnis zu schenken und beschenkt zu werden in einem anatomischen Atlas wiederzufinden. Von dieser Seite kann nichts davon hervorkommen, die Seele ist durch Sezieren gewiß nicht zu finden. Wenn wir nur im Konkreten bleiben, herrscht weiter Chaos, fallen wir der Finsternis und der Erstarrung anheim, die auch als neunte der Plagen über Ägypten kommt, das Israel nicht freilassen will (2. Mose 11, 21-23). Es bedeutet, heißt es in den alten Kommentaren, daß jeder in der Haltung, die er gerade einnimmt, erstarrt. Finsternis ist das Letzte, dann folgt der Durchbruch, ein Hinausgetriebenwerden aus Ägypten, ein Geborenwerden in eine neue Welt.

Anfang der Selbsterkenntnis und Selbsterfahrung: Die Welt ist einbezogen, wie es mit mir ist, fühle ich, ist es mit der ganzen Welt. Und das sehr weitgehend, bis zu den Steinen, den Sandkörnern, der Luft. Vielleicht bin ich gar nicht isoliert, der Welt gegenüber, sondern auch Teil der Welt. Am Ende des Weges, der mit dem Licht beginnt und im Lauf der weiteren Tage Metalle, Mineralien, die ganze sogenannte anorganische Schöpfung bringt, kommt der Mensch, der fühlt und glücklich oder traurig ist. Es heißt, die ganze Schöpfung sei nichts anderes als ein Weg zum Menschen, alles biete sich dar, *empfunden* und eben nicht nur studiert zu werden, denn das könnte zur Verzweiflung, zur Langeweile führen.

Vielleicht bewegen wir uns tatsächlich dort, wo wir nicht bewußt sind, in der anderen Seite des Menschen, so daß wir erfahren können: Ich stehe dem gegenüber, es ist ein Weg zu mir. Selber bin ich dort, nichtbewußt erlebt sich das alles. Wir wissen heute, daß ein Computer in einer Sekunde viele Tausende von Transaktionen verrichten kann. Wir können dem unmöglich folgen, das geht viel zu schnell. Und in einer alten Geschichte der Überlieferung wird erzählt, daß in der anderen Seite des Menschen, in seinem Ich, all das zugleich geschieht, was sich in der Zeit ausbreitet. So vergleicht man den Menschen auch mit einer Schriftrolle in einem Behälter. Um sie zu lesen, wird sie immer ein Stück weit ausgerollt und das Gelesene dann wieder zugerollt. Im Behälter aber ist die ganze Rolle anwesend, alles ist in einem da. Beim Lesen gibt es das Entweder-Oder, das Nacheinander, ich lese gerade dieses oder jenes; alles zu gleicher Zeit lesen, geht nicht.

Ein anderes Bild: Wasser entspringt, ein Brunnen, es fließt weiter, erst als Bach, dann ein Fluß, ein Strom. Dort im Dunklen des Brunnens, jenseits, ist aber alles enthalten, was weiter fließen wird.

Im Menschen gibt es also eine Seite, die ich jetzt einmal die nichtbewußte Seite nenne, um damit auszudrücken, daß dort alles enthalten ist, was dem Bewußten gegenübersteht. Im Nichtbewußten erlebt der Mensch diesen ganzen Weg der Schöpfung, angefangen mit dem sogenannten Anorganischen durch alle weiteren Phasen bis zum Punkt, wo es ins Bewußtsein tritt.

Ich hatte das Bild vom Brunnen eingeführt, um die beiden Seiten im Menschen, von denen wir sprechen, zu veranschaulichen. Der Begriff der Schöpfung hängt damit zusammen: Wir schöpfen doch aus einem Brunnen. Die hebräischen Worte für Schöpfung und für Brunnen werden mit den gleichen Buchstaben geschrieben. Die Sprache selber also erzählt uns von diesen Zusammenhängen, Worte und Begriffe bilden sich bei uns, ohne daß wir davon wissen.

Diese Geschichte der sechs Schöpfungstage spielt sich, wie es heißt, in jedem Menschen ab, bei jedem Schlagen des Pulses, bei jedem Sich-öffnen und Schließen des Auges. In jeder Sekunde also, bei jedem Ein- und Ausatmen spielt sich die ganze Welt ab. Natürlich nicht bewußt, aber aus diesem Brunnen fließt für uns das bewußte Leben.

Der Name Elohim

Elohim ist der hebräische Name, unter dem Gott in diesem ersten Kapitel der Bibel spricht, die Welt ins Leben ruft. Gott hat in der Bibel mehrere Namen. Es sind vor allem zwei, die ständig genannt und im Deutschen meistens mit ›Gott‹ und ›der Herr‹ wiedergegeben werden. Neben dem schon genannten ist es im Hebräischen der Name mit den vier Buchstaben, das Tetragramm, der nicht ausgesprochen werden kann. Das Aussprechen wäre eine Festlegung, bedeutet eine Erstarrung, eine Formel.

Im Aussprechen hast du das Schweigen gebrochen; nein, könnte man sagen, lasse es *ganz*, sage dann ›der Herr‹. Man nimmt das ernst, denn im Gegenüber des Menschen ist etwas anwesend, das sich nicht fangen und damit feststellen läßt. Es gibt kein Bild, das von dort her hier sein kann, das wäre ungültig. Das Wort für Bild im Hebräischen, »pessel«, ist auch das Wort für ›ungültig‹, »passul«. Also ja kein Erstarrenlassen. Ein Bild zum *Erleben*, das schon, ein Bild, das sich in unendlicher Vielheit entfalten kann.

Wie erfahren wir nun Gott im Namen Elohim? Nicht, wie das vielleicht die Juden oder die Christen oder die Theologen erfahren –, wir wollen doch versuchen, das zum Menschen zu bringen, uns nicht zu distanzieren, also beziehungslos zu machen, sondern uns gerade darin einzubeziehen. Was sagt das Wort selbst? Elohim ist im Hebräischen eine Mehrzahlform, die Endung »-im« bezeichnet die männliche Mehrzahl. »Eleh« heißt ›dieses‹ oder ›diese‹: alles also, was hier erscheinen kann, auf was gezeigt werden oder was man sich vorstellen kann. Dieses, was hier als eines erscheint, von dem ist Gott die Mehrzahl, und alles Dieses, auf das man zeigen oder das man sich vorstellen kann, enthält Gott in Vielzahl. Die Kabbalah erklärt dies auch als Vielschichtigkeit; in vielen Sphären sei etwas da, und in jeder Sphäre anders, aber immer dasselbe.

Und dieses Gegenüber, das zum Menschen sagt: ›ich gleiche‹ –, bedeutet das dann nicht, daß mein Ich vielleicht die gleiche Vielschichtigkeit empfindet, daß diese Vielschichtigkeit auch meine Erlebnis- und Erfahrensmöglichkeit ist?

Unsere Frage ist doch: Wie erfahren wir Gott im Namen Elohim?

Wenn man das vor zweitausend und vor tausend Jahren so formuliert hat, so wurde auch schon damals gesagt, all das ist immer schon im Menschen anwesend. In der Wurzel enthält er diese Erlebnisse, sehr tief verschüttet vielleicht, und weit entfernt von unserem Erleben der konkreten Welt.

Elohim, sagt man, ist die Eigenschaft, die Seite Gottes, die mit dem Begriff der Gerechtigkeit, des Rechts umschrieben wird. So ist es recht, wie man sagt. Und bei ›richten‹ denkt man nicht nur an den Richter, sondern auch an ein Richtigmachen, an ein Zusammenbringen, was zerbrochen war: wieder herrichten. So sagt das hebräische Wort, das im Deutschen immer mit Rache übersetzt wird, nichts anderes als ›Wiederaufrichten‹; wenn etwas gefallen ist, wird es wiederaufgerichtet. Auch bei dem Begriff Recht denken wir immer gleich an objektive, kausal urteilende Strenge, die nichts anderes zuläßt. Es ist aber hier eine Vielschichtigkeit, wo Recht sprechen eine Art Reparieren meint, ein Wiederherrichten des Zerbrochenen.

Prinzip der Vielschichtigkeit

Du siehst etwas nur in *einem* Medium, heißt es, es gibt aber viele Arten von Medien. Deshalb Gerechtigkeit, eine Art Garantie, daß alles, was da ist, einen Sinn hat. All diese Samen zum Beispiel, Samen des Menschen und der Tiere, die hier nicht zum Leben kommen, weil sie kein Ei zum Befruchten finden – auch diesen Samen, heißt es, wird ihr Recht, indem sie in anderen Schichten zum Leben kommen, dort ihr Ei finden, dort die Begegnung haben. Elohim umfaßt diese Mehrzahl, diese Vielzahl: *alle* Möglichkeiten sind einbezogen.

Man könnte sich Gott also auch von diesem Prinzip der Vielschichtigkeit her vorstellen, das in sich schließt, daß recht getan wird, daß nichts sinnlos und umsonst ist, auch in unserem Leben. Keine Begegnung, kein Geschehen, mag es auch noch so grausam oder garstig aussehen, kann sinnlos sein, denn es ist dieses Gefühl da, daß es Gerechtigkeit gibt. Sogar wenn du verzweifelst, heißt es, ist deine Verzweiflung ein Zeichen dafür, daß du dich nach Gerechtigkeit sehnst, sonst gäbe es sie gar nicht bei dir; du bist eben nicht neutral, indem du es nur konstatierst und so sein läßt. Merkwürdigerweise nennt man deshalb in der jüdischen Überlieferung einen Gottesleugner und Spötter ›Apikors‹, also einen Epikuräer. Das will sagen: Einer, für den nur das Hiesige existiert. Aber weil alles in dieser Vielschichtigkeit besteht, ist sogar die Verzweiflung sinnvoll. Sie zeigt doch gerade, daß du dich sehnst.

Getrennt in zwei um der Beziehung willen

Die beiden Seiten, von denen wir gesprochen haben, das Zweifache, das auch in den beiden Namen Gottes hervortritt – es zeigt sich schon mit dem ersten Buchstaben der Bibel, dem Zeichen Beth, der Zwei also. Jeder der zweiundzwanzig hebräischen Buchstaben ist, wie Sie vielleicht wissen, zugleich eine Zahl. Das sind nicht Zahlen, wie wir sie hier kennen, mit denen man rechnen kann. Unsere gewohnten Zahlen sind, könnte man sagen, nur ein Abbild dieser Zahlen im Jenseitigen der Bibel. Das sind nämlich ganz *exakte* Zahlen, durch die wir hier, wie es die Sprache selbst ausdrückt, überhaupt erst er-zählen können. Nicht nur im Deutschen, sondern auch im Hebräischen und in vielen anderen Sprachen kommt das Erzählen vom Wort Zahl her. Gewiß kann das nicht auf eine Verabredung zurückgehen, wie man sich so etwas heute vielleicht auf einem internationalen Sprachenkongreß vorstellen könnte, sondern es kommt einfach aus dem Menschen hervor, wenn er spricht.

Die Beth von »bereschith«, die Zwei, mit der das Erzählen der Bibel beginnt, will sagen, jenseitig ist Anfang, Prinzip der Schöpfung etwas Doppeltes – Himmel/Erde, männlich/weiblich –, damit eine Beziehung entsteht; so auch Gut und Böse, Leben und Tod, usw. Immer stehen sich zwei gegenüber, suchen einander, kämpfen, ringen miteinander, tanzen, kann man auch sagen, damit man sich kennenlernt.

Alles in der Welt, sagt man, erscheint in Zweiheit, damit eine Beziehung entstehe, damit sich eine Sehnsucht erwecke, sogar, daß Verzweiflung sei, Enttäuschung, weil das Erwartete nicht eintritt. Deshalb kommt auch im zweiten Kapitel der Genesis eine Art Wiederholung der Schöpfungsgeschichte.

Weg und Ruhe

Am sechsten Tag kommt, wie es im ersten Kapitel erzählt wird, der Mensch, männlich/weiblich – ›erschuf er ihn, erschuf er sie‹ –, und dann überblickt Gott sozusagen das Ganze und sagt, es sei sehr gut. Den siebten Tag, von dem dann gesprochen wird, nennen wir auch den ›Ruhetag‹, denn der Name dieses Tages, »schabbath«, hat als Wurzel »schew«, sitzen, sich hinsetzen. Die Haltung des Sitzens zeigt eben das Sichöffnen-können des Menschen für den Frieden, wie es auch in anderen Kulturen, zum Beispiel im Zen-Buddhismus, zum Ausdruck kommt. Und im Hebräischen heißt Frieden »schalom«, ein Wort, das genauso ›vollkommen‹ bedeutet.

Wenn das Ganze erlebt ist, kommt also nicht der Drang weiterzugehen, sondern ein Gefühl: Jetzt kann ich sitzen. In der äußersten Manifestationsmöglichkeit des Konkreten wäre das tatsächlich ein Sich-hinsetzen. Aber vor allem bedeutet es, jetzt ist Frieden, ich brauche nicht weiter, es ist vollkommen, »schalem«. Und das muß gar nicht nur die Folge sein, wenn man alles erreicht hat. Vielmehr ist es so, daß man während des Lebens, der Bewegung, immer ein Gegenüber im Gefühl des Sitzens hat. Dieser Sabbath, heißt es, strahlt aus auf alle sechs Tage der Woche. Solange man sich bewegt, ist als Gegenüber des Gehens auch immer das Sitzen, das Ruhen dabei. Man muß nicht eilen, um es zu erreichen; es kann schon gleich am Anfang da sein.

Alles ist in Ordnung, alles vollendet, Gott ruht und segnet es, er heiligt den siebten Tag. Dreifach wird es gesagt: Vollendet, gesegnet, geheiligt. Dennoch setzt nun ein zweites Kapitel ein mit der Mitteilung, es konnte nichts wachsen, denn es hatte noch nicht geregnet. Warum will etwas wachsen? War nicht alles vollendet?

Sein und Name

Jetzt aber ist nicht mehr allein von Gott die Rede, jetzt steht im Text: Gott, der Herr. Beim Namen ›Herr‹ denken wir unwillkürlich an Herr und Knecht, der Knecht ist dem Herrn untertan; wozu bin ich da: erschaffen, um immer nur Knecht zu sein?

Wir sehen, die Übersetzung beziehungsweise die Umschreibung dieses Namens mit ›der Herr‹ ist vielleicht nicht so gut. Im Hebräischen gründet sich dieser Name, den wir nicht aussprechen, auf dem Wort für ›sein‹; es ist das Sein in der dritten Person, das der Name ausdrückt: Er war, er ist, er wird sein. Das Sein, gelöst vom Zwang der Zeit. Nicht nur: Er war; nicht nur: Er ist; nicht nur: Er wird sein; sondern ein Zusammenfügen dessen, was sich in unserer Erfahrung als Vergangenheit darstellt, mit dem, was wir als Zukunft empfinden, in einem Jetzt – eine Einheit, die für uns unvorstellbar ist!

Deshalb sagt man: Sprich diesen Namen nicht aus, denn du wirst immer nur sagen: Er war, oder: Er ist, oder: Er wird sein; der Name enthält aber alle drei Zeiten in einem.

Wo Gott sich in der Bibel im Bild des brennenden Dornbuschs, der nicht verbrennt, offenbart, nennt er sich auch das Sein, aber hier in der ersten Person, in der Ichform, die mit Ich bin, oder: Ich war, oder: Ich werde sein übersetzt werden kann.

Man spricht den Namen nicht aus, weil er sonst zum Bild erstarrte. Auch im Neuen Testament ist die Rede von Gott, dem ›Herrn, der ist und der war und der kommt‹ (Offenbarung 1, 8). Es ist, als ob hier die Zeit abgeschüttelt würde; daß wir nicht sagen: Es kommt einmal, nach dem Tod. Nein, wir sind jetzt schon doppelt, wir sind in Zeit und Raum *und* wir sind in Ewigkeit, gleichzeitig.

In Zeit und Raum sind wir oft untreu, ohne Glauben, ohne Vertrauen, denn im Hebräischen gibt es für Glaube und für Vertrauen nur *ein* Wort: »emunah«. Wir sind es nicht mit Absicht, es geschieht uns, wir können nichts dafur.

Es fehlt uns an Vertrauen. Glauben, was bewiesen werden kann, ist eben kein Glaube, sondern ein Zustimmen einer wissenschaftlichen Erkenntnis. Während Glauben doch erst dort beginnt, wo gerade nichts bewiesen werden kann. Mein Ich kann ich doch nicht beweisen, ich glaube aber an mein Ich. Jeder möchte doch, daß sein Ich mit seinem Namen und mit all seinen Hoffnungen und Erwartungen irgendwie bewahrt bleibt, sogar mit den Enttäuschungen, daß es einmal recht kommt und nicht für immer Enttäuschung bleibt. Das Ich möchte doch eigentlich ewig sein.

Dieser Name, den wir mit Herr übersetzen, besteht in einer Art Kombination der drei verschiedenen Zeit-Möglichkeiten des Seins. Und weil er aus vier Buchstaben oder Zeichen besteht, sagt man, daß noch eine Dimension mit dabei ist, die wir nicht kennen. Eine Art vierte Dimension, denn unserer Erfahrung sind nur drei Dimensionen zugänglich. Mit vierter Dimension ist ein Bündel anderer Dimensionen gemeint, nicht gerade genau eine vierte, sondern eine Vielheit, die ständig jede dieser drei Dimensionen hier kreuzt.

Gott teilt sich im Wachstum mit

Der Herr, sehen wir, hat mit dem Begriff Sein in der Zeit, Sein in allen Zeiten zu tun. Und sobald dieser Name sich meldet, kommt die Frage, warum es nicht wachsen kann. Worum geht es beim Wachsen? Es erscheinen hier Dinge, und in ihrer Erscheinung zeigen sie ein Wachstum. Bäume, Blumen zum Beispiel, aber auch unser Körper. Es kommt irgendwoher, wächst, ein Höhepunkt, und es geht wieder zurück, irgendwohin. Ein Same war vielleicht einmal die Ursache, und vielleicht ist ein Same das, was für die Zukunft zurückbleibt. Nicht nur ein Same, den *wir* säen, sondern vielleicht auch ein Same, den wir nicht säen. Bei jeder Konzeption, so wird gesagt, sind nicht nur zwei, Vater und Mutter, beteiligt, sondern auch ein Dritter: Gott.

Das zeigt, daß dieses Sein, von dem wir in der Umschreibung ›der Herr‹ sprechen, sich mit dem Wachstum mitteilt. Zeit und Raum haben immer die

Alternative: das eine muß Raum geben für das andere. Was hier erscheint, muß begrenzt sein. Man sieht aber, daß es wächst, es ändert sich. Nur das Lebendige kann sich ändern. Was ist im Menschen, daß es sich ändern, immer neue Formen annehmen kann?

Zeichen dieses Sich-änderns sind der Mond, die Sterne und Planeten. Der Begriff des Wachsens heißt im Hebräischen »zemach« – zugleich einer der Namen des Messias. In der Bibel hat der Messias mehrere Namen, zum Beispiel Immanuel, ›Gott ist mit uns‹, oder Menachem, ›Tröster‹, Jesus, hebräisch Jehoschua, ›der Herr hilft‹, Sohn Davids, David, geschrieben Daleth-Waw-Daleth: ›Geliebter‹.

Schon in der Erscheinungsform des Wachstums lebt der Erlöser, der Messias, der Gesalbte. Im Wachsen, dem Sich-ändern zeigt sich ein Weg. Das Prinzip des Sich-änderns: Anwesendes – wo kommt es her? – verwest – wo geht es hin? Was sich im Wachstum zeigt, enthält eine wichtige Mitteilung und führt auch zur Frage, was die Eigenschaft Gottes in seinem Namen Herr, dem Tetragramm, ist. Gegenüber der Gerechtigkeit, die wir als Eigenschaft des Namens Elohim erkannten, ist es hier die Güte, die Barmherzigkeit. Gerechtigkeit, Sinngebung könnte fast objektiv da sein, aber Güte, Liebe setzt eine Beziehung voraus. Das ist das Neue, die andere Seite des Menschen.

Auf die eine Seite, wo es feststeht, daß nichts sinnlos sein kann, daß alles eine Ordnung hat und uns so das Gefühl des »schabbath« gibt, des Sitzen-, des Ruhenkönnens, folgt jetzt die andere Seite: Ohne Liebe wäre das Ganze doch sinnlos! Lieben heißt, ein Gegenüber suchen, das mich vielleicht verstehen könnte. Und sogar, wenn es mich enttäuscht, habe ich doch die Hoffnung, den Traum gehabt. Man sagt, der Traum, der hier nicht Wirklichkeit wurde, ist wie der Same, der hier nicht zum Leben kam, aber in den vielen anderen Schichten doch irgendwo seine Erfüllung findet.

Es heißt deshalb, daß die Erlösung am Ende auch alles, was hier unerfüllt blieb, in Erfüllung erleben läßt, so daß man sich eins fühlt mit all den anderen Schichten. Man lebt dann sozusagen wach im Unbewußten, ist nicht nur wach im Bewußten, im Kausalen, in der Alternative, sondern auch erweckt, wach im Unbewußten. Auferstehung *des* Toten – absichtlich sage ich nicht *der* Toten – bedeutet ein Wachwerden in der anderen Seite. Dann erlebe ich, kann man sagen, die andere Seite in meinem Bewußtsein so, daß es vor Freude und Glück fast zu explodieren droht. Wie es manchmal Momente gibt, wo man fühlt: Mehr an Erfüllung ertrage ich nicht, auch nicht im Guten, im Gütigen.

Bei diesem Wachwerden sind wir dann wie Träumende – so heißt es doch im 126. Psalm –, der Traum stimmt für uns mit dem Wachen überein, es sind nicht mehr zwei Welten: eine Einswerdung.

Beziehung und Geheimnis

Diese zweite Schöpfungsgeschichte erzählt also von einer Beziehung. Gleich am Anfang ›bildet‹ Gott der Herr auch den Menschen, nicht erst am Ende. Und diesem Menschen wird jetzt etwas mitgeteilt, während der Mensch in der ersten Geschichte nur da war, männlich-weiblich. Die Mitteilung, die er bekommt, lautet: Schau, du bist in einem Garten, wo du auf etwas aufpassen, etwas behüten, bewachen müßtest. (Garten, englisch: garden, französisch: garder, davon doch die Garde, das Bewachen). Du bist jetzt in einer Welt, wo du dich um etwas kümmern mußt. Fast könnte man sagen, eine Welt, die dich dazu bringt, dich um etwas zu kümmern. Alles im Garten ist für dich da, nimm nur, aber *eines* – bitte, mir zuliebe, könnte man sagen –, nimm nicht, frag auch nicht, tu es einfach mir zuliebe, daß du davon nicht nimmst. In alten Kommentaren zu dieser Stelle heißt es: Wenn der Mensch alles hätte nehmen können, wäre er an Langeweile untergegangen.

Warum das nicht? – bohrende Frage. Wenn er mich liebt, warum sagt er das? Warum ein Geheimnis, das bestehen bleibt?

Zwei Bäume sind da: der Baum des Lebens und der Baum der Erkenntnis von Gut und Böse. Gerade diesen Baum der Erkenntnis von Gut und Böse überlasse mir, sagt Gott. Wenn du mich liebst, nimm davon nicht, ich werde dir Leben schenken, frage dann nicht.

Hier wird sozusagen die Grundlage zu *jeder* Beziehung gelegt. Kannst du auch ein Geheimnis hinnehmen? Kannst du so sein, daß du nicht alles wissen mußt? Dann lebt bei dir eine Beziehung.

Nun, Sie wissen, wie die Paradiesgeschichte weitergeht. Gerade von dem Baum der Erkenntnis von Gut und Böse nimmt der Mensch doch gleich. Und was dann folgt, ist ein großes Drama, das sozusagen die ganzen Mitteilungen der Bibel ausmacht. Es geht dabei aber nicht um die Vernichtung des Menschen, vielmehr fängt durch eine Untreue eine Beziehung an. Sie beginnt erst durch einen Verrat, durch ein Nicht-glauben-wollen, ein Beweisen-wollen. Denn, wie das Folgende zeigt, Gott liebt den Menschen weiter, bis zuletzt. Er hat fortwährend Auseinandersetzungen, und immer wieder, kann man sagen, rutscht er aus, möchte doch wieder *wissen*. Und wieder folgt eine Eifersuchtsszene: Warum willst du *wissen*? Glaube mir doch, lasse mir ein Geheimnis!

Mit anderen Worten: Muß wirklich alles ausgelebt und ausgetobt werden? Es ist doch gut für das Geheimnis, wenn etwas bleibt, wodurch gerade Liebe, eine Treue gezeigt werden kann.

Zu der Seite der Gerechtigkeit und Geordnetheit im Menschen kommt, wie wir sehen, diese andere Seite der Schöpfung: die Beziehung, die auch gleich vom Menschen dort sozusagen gebrochen wird, wo er in Zeit und Raum ist. Es heißt sogar, er ›sündigt‹ im Paradies, also nicht im Diesseits von Zeit und Raum. Die ›Sünde‹ ist also etwas im Verborgenen des Menschen, wodurch er hier zum ›Sündigen‹ gleichsam bedingt ist, zum Untreusein, zum Kein-Vertrauen-haben, weder zu sich und seinem Schicksal noch zu seiner Umgebung. Bedingt auch zum Nicht-glauben-können – und gemeint ist nicht ein Glauben an Dogmen, starre Lehrsätze, sondern Glauben als Sich-hingeben-können: Ich nehme es an.

In diesem Sinne auch den anderen Menschen glauben können, den anderen Kulturen, nicht nur der europäischen, sondern auch der japanischen, der indischen, der australischen, der indianischen, und so auch dem Islam, dem Judentum, dem Protestantismus, dem Katholizismus. Man könnte sich im Glauben der Welt gegenüber öffnen, und sich nicht nur auf seine Gemeinschaft beschränken, indem man glaubt, weil es so bewiesen und gut ist. Öffnet sich nicht schon die Welt? Zeigt nicht das Muster der Welt in unserem Leben, daß es sich öffnet? Weltweit können wir Länder besuchen, Menschen von dort empfangen.

Eine Seite zeigt sich also im Leben, in der die Untreue ist. Und wir tragen sie mit in die Welt hinein, vielleicht auch, damit wir gerade erfahren können, dennoch geliebt zu sein, dennoch auch den, der untreu ist, lieben zu können.

Oft hört man: Wenn Gott so etwas zuläßt, kann ich nicht mehr an ihn glauben. Ja, vielleicht war Gott nach deinen Vorstellungen dann untreu – aber gerade dann kannst du doch lieben. Soll er etwa genau das tun, was dir paßt, was der Schablone deines Weltbildes entspricht? Wie oft werden Gebete nicht erhört, und dennoch betet man weiter.

Das Weltall als Spiegel

Die zwei Schöpfungsgeschichten in den ersten beiden Kapiteln der Bibel stehen einander in gewissem Sinne im Widerspruch gegenüber. Darüber habe ich in meinem Buch »Schöpfung im Wort« ausführlich geschrieben, und man kann dort sehen, wieviel Gegensätzlichkeit sich findet. Und gerade diese Gegensätzlichkeit finden wir doch bei der Suche nach unserem Ich auch in uns selber.

Wenn man nur sich sucht, ist man wie Narzissus, der sein Spiegelbild im Wasser sieht und sich darein verliebt. Das heißt, die Welt und alles, was in ihr ist, nicht zur Kenntnis zu nehmen – ein schrecklicher Krankheitszustand, kann man sagen. Andererseits kann nur in einem solchen Zustand Heilung kommen, das Heilige erfahren werden.

Schaue also nicht in den Spiegel, dort siehst du nur dich selber, schaue aber in die Welt hinein, die ein ganz anderer Spiegel ist. Nicht dich selber siehst du dann –: die *anderen* spiegeln *dich*! Das Weltall, die Sterne spiegeln dich, heißt es in einer alten Schrift. Du bist das ganze Weltall, das ist dein Spiegel, und nicht der Spiegel, der nur dich zeigt. Wenn du dich siehst, wirst du aggressiv oder depressiv, streitsüchtig, wie es dort ausgedrückt wird, oder traurig. Darin zeigt sich die ›Sünde‹, du bist dem anderen gegenüber sozusagen untreu.

Vielleicht ist Ihnen bei diesen ersten Andeutungen schon klar geworden, daß Gotteserfahrung im Menschen eine andere Art Selbsterfahrung ist, daß Gott uns nicht nur im Himmel gegenüber ist, sondern wir ihn auch in uns selbst empfinden.

Hier und dort und dort und dort

Das hebräische Wort für Himmel, »schamajim«, will auch etwas Merkwürdiges sagen. »Scham« bedeutet ›dort‹, also ein Ort, räumlich, den man anweist. Die Endsilbe »ajim« drückt immer ein Paar aus, nicht zwei gleiche, sondern ein Gegensatzpaar, links und rechts, zum Beispiel »jadajim«, die beiden Hände, »raglajim«, die beiden Füße, »enajim«, die beiden Augen. *Zusammen* erst sind sie richtig da, sind sie wirksam. Mit einem Bein ist schwer zu gehen, auch schwer zu verstehen (wir stehen besser mit beiden Füßen), mit einer Hand schwer zu handeln, auch schwer zu begreifen (mit beiden Händen können wir richtig greifen).

Bei einer Stimmung muß gar nicht eine Stimme zu hören sein, es ist dann eine Stille, während in unserer verborgenen Seite so manches gehört wird.

»Schamajim«, Himmel, drückt also ein doppeltes Dort aus: das Dort, das hier ist, ist auch dort. Im alten Wissen heißt es, daß das Dort gegenüber dem Hier dreifach ist. Daher sagt man immer: Hier und dort und dort und dort. Verglichen wird das mit den ›drei Freunden‹, die jeder Mensch hat. In der Bibel werden sie mehrfach genannt: Abraham hat drei Freunde: Mamre, Eschkol und Aner (1. Mose 14,13), die drei Freunde des Hiob, die drei Weisen, die aus dem Osten nach Bethlehem ziehen.

Himmel will also sagen: Was hier ist, ist dort und dort und dort auch. Und das ist auch bei jedem Menschen so. Unserer Struktur gemäß sind wir sowohl irdisch als auch himmlisch, das heißt, dieses ›Dort und dort und dort‹ ist auch in uns.

»Chajim«, das hebräische Wort für Leben, hat auch dieses »ajim«. Es gibt nicht nur Leben hier, Leben ist hier und dort. Du lebst immer hier und dort und dort und dort. Dieses Doppelte in der Anwesenheit des Menschen zeigt sich wie ein Liebespaar, die einander suchen. Und manchmal ist die Frau verzweifelt. Es ist das biblische Traumbild der alleinstehenden Frau, die sich schämt. Es bedeutet die alleinstehende Welt, die alleinstehende konkrete Situation, die befruchtet werden möchte.

Liebe bedeutet einfach das Suchen einer Beziehung. Und die reicht vom feinen Geistigen bis in die Materie hinein. Die beiden Schöpfungsgeschichten der Bibel – die Bibel als inspiriertes Buch, am ehesten vergleichbar einer Traummitteilung –, von diesen beiden Geschichten könnte man sagen: die eine liebt die andere. Liebesgeschichten kann man in allen Schichten sehen, nicht nur zwischen einem Mann und einer Frau, wie es das Hohelied der Form nach andeutet. Wäre es nur im Konkreten, hinge alles andere sozusagen abgetrennt in der Luft. Liebe aber kann nur bestehen, wenn sie von einem Äußersten bis zum letzten anderen Äußersten reicht, von dem der Form am meisten Entzogenen bis in die, wie wir sagen, grobe Form. Aber dort, heißt es, in der materiellen, erscheinenden Form, ist immer dieser göttliche Funke verborgen, wodurch wir sogar das Grobe erkennen, zum Groben eine Beziehung haben können, die als Befreien des Funkens erlösend ist.

Der Herr ist Gott

Diese Situation der beiden Gottesnamen finden wir auch in uns wieder, denn wir sind doch, wie es die Bibel – der heilige Geist also – sagt, im Bild Gottes erschaffen, im Gleichnis Gottes. Mit diesem Ausgangspunkt in der Zweiheit hat dann alles weitere zu tun, und Gotteserfahrung wäre dann ein Erfahren Gottes an beiden Seiten. Mit Nachdruck wird das in dem bekannten Ausspruch gesagt: ›Höre Israel, der Herr unser Gott, der Herr ist Einer‹ (5. Mose 6,4).

Und wer ist Israel? Wäre Israel nur eine rassische oder sozusagen kirchliche Angelegenheit, könnte man es in solcher Beschränkung vielleicht ›interessant‹ finden. (Irgendwie hat dieses ›Interessant‹ auch etwas Tödliches. Wenn man nicht versteht, was ich sage, findet man es, um mich nicht zu verletzen, ganz ›interessant‹.) Aber vielleicht ist Israel doch etwas im Menschen, ein Erleben, ein Erfahren im Menschen. Andernfalls wäre die Bibel für uns ja nur ein Objekt, das man studieren kann.

Es geht also um die Einheit der beiden Seiten. Elohim, sahen wir, ist eine männliche Mehrzahlform. Der Name Herr, das Tetragramm, schreibt sich im Hebräischen aber mit weiblicher Endung. Dennoch sagen wir nicht ›Herrin‹, sondern Herr. Es bedeutet, im Namen Herr *erscheint* er hier in der Welt der Beziehungen. Hast du eine Beziehung zu ihm, kannst du ihn annehmen oder nicht? Brauchst du dafür, wie Thomas, Beweise? Ganz schön, antwortet Jesus, wenn du siehst und glaubst, aber selig, die *nicht* sehen und glauben (Johannes 20,29). Beziehung beruht eben nicht auf der Überzeugung durch Beweise.

Diese beiden Aspekte Gottes – wie können wir sie erfahren? Wo bin ich mit Gott als Elohim in Beziehung, und wo mit Gott dem Herrn? Das ›Höre Israel‹ stellt die Einheit fest und geht dann weiter: ›Und liebe den Herrn deinen Gott mit deinem ganzen Herzen, mit deiner ganzen Seele und mit deinem ganzen Vermögen‹ (5. Mose 6,5), mit allem, was du vermagst, was du kannst. Den Herrn deinen Gott *lieben* – wir kennen das große Gebot: Liebe deinen Nächsten, sogar den, der dir als Feind gegenübersteht. Es bedeutet: Nimm es hin, was dir als Feindbild erscheint, nimm hin, daß es das gibt. Aber suche dazu eine Beziehung, kämpfe damit. Lieben heißt, nicht gleichgültig sein. Es könnte sein, daß erst dann, wenn wir uns auch diesem hingeben, vieles im Menschen und in der Welt geheilt werden kann.

Der Gesalbte

Wir hatten schon vom Begriff der Salbung und des Gesalbten gesprochen. Man denkt dann an ein Krüglein mit Öl, das über den Kopf des Menschen ausgeschüttet wird. Aber das ist nur die eine Seite. Als heilige Schrift ist die Bibel heil von beiden Seiten: Hier und dort, in Doppelheit, in beiden Seiten. Sonst wäre sie gespalten, krank. Wie mein bewußtes Leben, die eine Seite, durch all das, was unbewußt in mir lebt – die andere Seite –, gelenkt wird, so kann ich die Salbung in der Bibel nur von der anderen Seite, vom Traumbild her verstehen.

Man will heute manchmal beweisen, daß man so träumt, wie man tagsüber lebt. Es ist aber genau umgekehrt. Es heißt ja auch, das Reich dieser Welt kommt durch das Reich des Himmels. Aus deinem Träumen kommt der Alltag hervor. Man möchte gerne von hier aus den Himmel erobern, wie es das Bild vom Turmbau in Babel erzählt. Aber der Turm bricht zusammen, die Sprache wird verwirrt, keiner versteht mehr den anderen. Verstehen also kann man das Hier nur aus dem Dort.

Wir müssen also das Traumbild des Gesalbten als Ausgangspunkt für das Hiesige nehmen. Das Traumbild sagt, der Gesalbte ist *vollkommen* umhüllt vom Salböl. Hebräisch »schemen«, Öl, schreibt sich wie »schmona«, acht. Im Achten, heißt es, vereinigen sich die sechs Tage der Schöpfung mit dem siebten. Der Gesalbte ist also vom Achten umhüllt und *erscheint* hier. Er ist derjenige, der schon das hat, was bei uns künftig ist. All unser Hoffen und Wünschen, aber auch unser Verzweifeln, weil wir uns danach sehnen, aber nicht wissen, ob es kommt – all das *erscheint* dann. Das ist der Gesalbte.

Von diesem Gesalbten heißt es, wie wir schon gesehen haben, daß er sei ›schwebend über der Fläche der Wasser‹, daß er sich um die Zeit sorgt. *In uns* ist es so, *erfüllt*, kann man sagen. Das Achte ist keine fremde Sache, sondern *da*, in uns.

Doppelter Anfang des Weges

Der Begriff des Achten zeigt uns schon: Eine Schicht weiter, höher, wie eine Verdünnung sozusagen. Die Acht steckt doch auch im Wort Oktave, mit dem ein neuer Anfang angezeigt wird. Es gehört noch zum Alten, aber auch schon zum Neuen, es gibt da keine scharfe Trennung. In einer neuen Schicht wiederholt es sich, in einer neuen Welt, könnte man auch sagen. Und der Messias, der Erlöser, der Gesalbte hat doch, wie wir gesehen haben, über das hebräische Wort für Öl eine Beziehung zum Achten.

Das Erlebnis des Messias, der Erlösung ist also eine Begegnung in einer Oktave höher. Liebe ich dieses Andere in der Begegnung, zieht es mich an oder stößt es mich ab?

Das griechische Wort für Messias, den Gesalbten, ist Christus. Und daß diese Worte vom Achten erzählen, ist wie eine Überraschung, ein Geschenk; die Sprache selbst läßt uns dieses Wunder erleben. Auf dieser Grundlage können wir weiterfragen: Was ist eigentlich Erlösung?

Das Matthäus-Evangelium beginnt mit einer Genealogie des Kommens des Christus, und darin wird als erster Abraham genannt. Lukas, der auch den Stammbaum Jesu mitteilt, fängt bei Adam (der aus Gott hervorgeht) an (Lukas 3,38). Auch hier also zeigt sich dieser doppelte Grund, auf dem alles beruht, die zwei Seiten. Das Doppelte scheint etwas zu sein, das unsere Sehnsucht erweckt, diesen Widerspruch des Doppelten aufzulösen, fast könnte man sagen, zu erlösen. Daß es eins wird, und aus der Einswerdung eine Frucht hervorkommen könnte.

Mit Abraham beginnend werden zweiundvierzig Geschlechter bis zum Christus genannt, gegliedert in drei mal vierzehn. Die Geschichte, die Botschaft der Erlösung beginnt mit einem Namen, der vielleicht nicht nur im Historischen, außerhalb unserer Existenz eine Rolle spielt, sondern auch unserem Leben, dem Leben jedes einzelnen, als Ursprung eingeschrieben ist.

Wer ist Abraham? Was will uns dieser Weg durch die Generationen, und daß es gerade zweiundvierzig sind, sagen? Eine merkwürdige Parallele finden wir bei einer anderen Erlösungsgeschichte der Bibel. Als Israel aus der Gefangenschaft in Ägypten befreit ist, geht es den Weg durch die Wüste, und dieser Weg ist in genau zweiundvierzig Stationen unterteilt.

Warum fängt dieser Weg – gewiß ist in allen Kulturen ein solcher Weg bekannt – einmal mit Abraham, das andere Mal mit Adam an? Und in diesem Zusammenhang erinnere ich daran, daß der Name Adam neben ›ich gleiche‹ auch ›ich schweige‹ bedeutet.

Was bedeutet diese Zweiundvierzig? Wir sehen, daß sie mehrfach vorkommt. Geht man von einem Zyklus aus, dem Jahr mit seinen zwölf Monaten, dann sind der Weg von zweiundvierzig dreieinhalb Jahre. Und die Dreieinhalb finden wir zum Beispiel in den Prophezeiungen Daniels wieder, wo von ›einer Zeit, zwei Zeiten und einer halben‹ die Rede ist (Daniel 12,7). Merkwürdig auch, daß sich »kochab«, das hebräische Wort für Stern, mit den Buchstaben 20-20-2 (Kaf-Kaf-Beth) schreibt, also Zweiundvierzig. Und in der Erlösungsgeschichte des Evangeliums bleibt der Stern über Bethlehem stehen: ein Weg ist zu Ende, Ruhe tritt ein. »Schabbath« von »schew«, wie wir sahen: ein Sich-hinsetzen-können, weil ein Weg zu Ende ist.

Abraham und Nimrod

Abraham also als Anfang des Weges, Anfang der Erlösung. Wie ein noch nicht ins Bewußtsein getretener Traum, ein Traum, der vollkommen vergessen wurde, als Mitteilung aber da ist und uns mitformt.

Abraham wird doch der ›Vater des Glaubens‹ genannt, und ich habe schon darauf hingewiesen, daß im Hebräischen das Wort für Glaube identisch ist mit dem Wort für Vertrauen, Treue. Glauben heißt, daß ich eben keinen Beweis brauche, ihn auch nicht mag. Ich möchte gerade zeigen, daß bei mir ganz anderes zählt. Der äußere Beweis könnte trügerisch sein, denn sobald das Äußere einbezogen wird, kommt die Alternative mit.

Wenn von Abraham als Vater im Glauben gesprochen wird, ist Vater doch nicht nur im biologischen Sinn gemeint, sondern auch Vater im Sinn von Ursprung. Das erste, das sich meldet, ist Vater. Wo entspringt der Glaube? Gerade in dieser Traumwelt bei Abraham, dort fängt er an, sich zu melden.

Von Abraham wird nicht nur in der Bibel selbst erzählt, sondern auch im großen Komplex der Überlieferung. Und in diesen zahllosen Geschichten – Mythen, Sagen, Legenden – zeigt sich ein merkwürdiges Muster. Der König jener Welt dort heißt Nimrod. Bis heute ist dieser Name mit dem Begriff des Jägers verbunden. Dieser Nimrod träumt von der Geburt eines Kindes, das seiner Welt den Untergang bringt. Es bedeutet: Untergang einer Erlebniswirklichkeit, Ende einer Phase im Leben. Das Leben steht nie still, fortwährend ändert es sich. Auch wenn man es bewiesen und so festgestellt hat, bleibt es nicht, der Weg geht weiter, damals mag es richtig gewesen sein, damals mag die Feststellung durchaus gegolten haben. Wir haben gesehen, daß einer der Namen des Messias dieses Sich-ändern im Sinne des Wachstums ist: Zemach. Er bedeutet gerade: kein Erstarren, kein Stehenbleiben, kein Stillstand.

Nimrod, der davon träumt, daß ein Kind geboren wird, das seiner Welt ein Ende machen wird, hat Angst und unternimmt alles, dieses Kind umzubringen, indem er überhaupt alle Kinder, die geboren werden, umbringen läßt.

Wer denkt da nicht auch an Herodes und den Kindermord? Und an den Pharao in Ägypten, der die Kinder von Israel töten läßt?

Angst vor dem Kind

In den Deutungen wird gesagt, die Angst vor dem Kind ist die Angst vor dem Kind *im* Menschen. Als Kind nämlich steht man sozusagen noch mit einem Fuß in einer anderen Welt, an der Grenze jedenfalls. Als Kind ist man noch nicht reich an Erfahrungen, an Wissen. Als Kind schlingt man vertrauensvoll die Ärmchen um den Hals der Mutter und erhält die Nahrung von ihrer Brust. Als Kind überlegt man noch nicht, sondern vertraut.

Und dieses Kind stirbt nicht. Die Zeit geht weiter, der Mensch wird erwachsen, aber das Kind bleibt, es ist als Vergangenheit, wie wir sagen würden, im Menschen mit dabei. Wie vieles aus seiner ersten Kindheit auch organisch mit dabei ist, so bleibt auch dieses Kind im Menschen anwesend.

Es geht eben hier nicht nur um Kindermorde in einer fernen Vergangenheit, sondern vor allem um das Erleben dieses Geschehens bei uns selber. Dieses Kind, vor dessen Geburt sich Nimrod, Pharao, Herodes in uns fürchtet, ist so wichtig, ist entscheidend. Nicht umsonst heißt es: ›Lasset die Kinder zu mir kommen‹ und ›Wer das Reich Gottes nicht empfängt wie ein Kind, der wird nicht hineinkommen‹ (Markus 10,14-15) und ›Wer aber Ärgernis gibt einem dieser Kleinen, die an mich glauben, dem wäre besser, daß ein Mühlstein an seinen Hals gehängt und er ersäuft würde im Meer, wo es am tiefsten ist‹ (Matthäus 18,6).

Es bedeutet: Sind wir imstande, im eigenen Leben das Erlebnis des Kindes zu haben? Können wir das Kind in uns wiedererwecken? Es möchte vielleicht auferstehen. Und das Töten des Kindes will sagen: Ich mag nur auf Beweise bauen, ich glaube es nur, wenn es wissenschaftlich haltbar ist.

Das Kind saugt seine Nahrung noch von der Mutterbrust. Und im Hebräischen sind »schadajim«, Brüste, und »schamajim«, Himmel, fast gleichlautende Worte, die sich nur dadurch unterscheiden, daß dort, wo beim einen die Daleth, die Vier, steht, es beim andern die Mem, die Vierzig, ist. In einer anderen Schicht bedeutet es, daß der Mensch als Kind die Nahrung vom Himmel erhält.

Wir sehen also, Anfangserlebnis ist ein Widerstand, daß Abraham geboren wird, der Vater des Glaubens. Wie auch Pharao die Geburt des Mose verhindern will, der Israel befreien soll. Angst vor dem Kind auch bei Herodes, das zum Töten der Kinder führt. Wir sehen hier einen Zusammenhang zwischen dem Gläubigsein und der Arglosigkeit des Kindes. Nicht des ›dummen‹ Kindes, gesehen vom gescheiten Erwachsenen aus, sondern dieses Kindes, das immer im Menschen anwesend bleibt, wenn auch verschüttet, und vielleicht die Beziehungen gerade auch zu den irdischen Eltern bildet, aber auf andere Art, wie die Psychologie das ausgearbeitet hat. Denn das Kind im Menschen hat sowohl Vater und Mutter im Himmel, könnte man sagen, als auch irdische Eltern.

Beschneidung

Vom Vater Abrahams, dem Terach, wird gesagt, er sei ein Götzendiener gewesen, das heißt, ein Mensch, der nicht die Einheit der Welt und die Einheit des Menschen sucht und empfindet, sondern seine Freude an der Vielheit hat, am zertrümmerten Bild, am Spezialistentum, würde man heute sagen. Wobei wir sehen, daß sich seit den letzten Jahrzehnten auch die Einheit in der Form der ›Grenzwissenschaften‹ wieder meldet: Man sucht eine Verbindung von der einen zur anderen Seite. Auch die Einheit der Kulturen wird gesucht, das Bedürfnis, sich abzugrenzen, spielt vielleicht keine so große Rolle mehr.

Die Bibel übersetzt den Namen Abraham als ›Vater einer Menge von Völkern‹ (1. Mose 17,5). Man kann Abraham also gar nicht biologisch festnageln, das wäre namenswidrig. Als Vater des Glaubens, des Vertrauens und der Treue ist er nicht für eine bestimmte Linie da, sondern für eine Menge, ein ›Getümmel‹ von Völkern.

Abraham ist der erste, der durch den Glauben ein neues Zeichen erhält: die Beschneidung. Und wir stoßen hier wieder auf den Begriff des Achten, denn die Bibel sagt, die Beschneidung sei am achten Tag

(1. Mose 17,12). Der Mensch bekommt dadurch eine Oktave höher Leben. Was auch in letzter Instanz ein chirurgischer Eingriff beim achttägigen Kind ist, stammt aus dem Erleben der Sehnsucht, befreit, erlöst zu sein von der Bindung an eine Welt der Alternative, des Entweder-Oder. Gerade dem Abraham teilt Gott sozusagen als Antwort auf seinen Glauben mit: Jetzt kommt ein Bund, ein Bündnis, ein Verbund zwischen mir und dir, Mensch. Eine Verbindung zwischen Jenseitigem und Diesseitigem im Menschen kommt jetzt, gerade am achten Tag, zustande.

Also wieder das, von dem wir im Zusammenhang mit dem Öl sprachen: der Messias, der Gesalbte, das Erlebnis des Achten.

Daß es bei Abraham dazu kommt, hängt mit seiner Frau Sarah zusammen, von der es heißt, sie sei unfruchtbar. Im Hebräischen schreibt sich das Wort für unfruchtbar genau gleich wie das Wort für Hauptsache. Die Hauptsache kann nicht geboren werden, bleibt eingeschlossen, kann nicht heraus. Naturgesetzmäßig ist etwas da, wodurch die Hauptsache sich nicht zeigen kann. Und Abraham, wissen wir, sehnt sich nach einem Sohn. Was ist der ›Sohn‹? Auch hier kann uns die Sprache eine ganz neue Sicht öffnen. Im Hebräischen sind ›Sohn‹ und ›Bauen‹ vom gleichen Stamm. Bauen nicht als Konstruieren, sondern als ein Sich-bauen, wie es in der Bibel oft, zum Beispiel beim Tempelbau, mitgeteilt wird. Wie auch das Wachsen des Embryos nicht durch Eingriffe geschieht, vielmehr baut es sich schon.

Es kommt also durch den Sohn etwas zustande, das der Vater als Erfahrung sozusagen erleben möchte, nämlich daß das, was er gezeugt hat, auch in Gedanken, in Hoffnung, in Erwartung, im Traum, was er von *dort* her gezeugt hat, auch *hier* erscheinen, bis ins Letzte konkret werden kann. So haben wir auch die Vorstellung einer konkreten, bis ins Letzte gehenden Auferstehung. Abraham sehnt sich so nach diesem Sohn, weil ihm versprochen wird, daß es auch in dieser harten, verdichteten, schweren Welt sein wird, nichts bleibt ausgegrenzt, alles ist einbezogen.

Dieser Sohn wird im Begriff des Samens genannt. Same, Saat zur Fruchtbarkeit, wodurch sich etwas Neues baut, nicht ich, aber von mir. Und dieses Sich-bauen kommt doch nur durch zwei Seiten zustande: Wenn sich Männliches und Weibliches vereint, kommt die Frucht. Also auch aus Himmel und Erde, dem Verborgenen und dem Erscheinenden.

Die Frucht aus der Vereinigung von Erscheinendem mit Erscheinendem läßt sich für uns biologisch nachvollziehen, ist naturwissenschaftlich klar. Aber daß aus dem Erscheinenden durch einen Eingriff des Jenseitigen eine Frucht hier erscheint, das halten wir für unmöglich.

»Sera«, das hebräische Wort für Same – der Sohn, der dem Abraham versprochen ist –, liest man auch als »seh ra«: ›das ist böse‹, wobei aber nicht das moralisch Böse gemeint ist, sondern vielleicht etwas viel Weitergehendes. Verglichen mit der Wärme der schöpferischen Liebe ist unsere Welt kalt, verdichtet, hart, erstarrt, nahe dem absoluten Nullpunkt – nicht ganz natürlich, sonst wären wir zu Stein geworden. Wir leben, aber Starre ist doch in uns da. Same will sagen: Bis in dieses Letzte kommt es, wo das Böse ist, das Harte, das dich erstarren läßt. Und das bedeutet, daß Erlösung, als Gotteserfahrung, bis ins Letzte kommt, nicht unterwegs irgendwo hängenbleibt: Bis hierhin und nicht weiter – nein: bis in diese Welt hinein. Es wird doch auch gesagt, daß Gott diese Welt so sehr liebt, daß er seinen einzigen Sohn in sie schickt (Johannes 3,16-17). Ein Lieben, ein Geliebtwerden bis ins Letzte. Und das gilt für jeden Menschen.

Gesetzmäßig scheint dieser Sohn hier nicht erscheinen zu können, das zu erwarten wäre Unsinn. Die Hauptsache bleibt jenseits, kann im Diesseits nicht erscheinen, so ist nun einmal das Gesetz. Doch Gott verspricht dem Abraham: Du wirst hier den Sohn bekommen, von dir und dieser Frau wird er hervorgehen. – Die Frau, das Weibliche, ist, wie wir schon besprochen haben, das Erscheinende, der Mann das Verborgene im Menschen. Demnach ist bei jedem Menschen, ob Mann oder Frau, der Körper das Weibliche, die Frau, das Innere das Männliche, der Mann. Nicht das Innere, das im Körper innen verborgen ist, sondern das Innere, das innen jenseits ist: Erinnerung. Das Wort Erinnerung sagt: Es ist schon vergangen, oder, mit anderem Vorzeichen: Es kommt noch.

Gott teilt dem Abraham mit: Du bekommst einen Sohn, nicht vom Körper, den du kennst – von der Frau, wie sie hier ist –, sondern von deiner Frau Sarah – der Name Sarah bedeutet Herrin, das Weibliche von Herr –, ein anderer Begriff des Körpers. Der Körper, der hier erscheint, ist die ›Magd‹ dieses anderen Körpers.

Ein Kind von der Magd, von deinem Körper hier, schon gut; du bekommst aber ein Kind von einem Körper, der *jenseits* ist, hier nicht in Erscheinung tritt; Leib, könnte man im Deutschen vielleicht sagen. Abraham ist doch ein Hebräer. Das Wort kommt von »ewer«, jenseits, was jenseits eines Flusses, jenseits der Wüste, aber auch jenseits im Absoluten bedeutet: jenseits vom Diesseits. Abraham ist also einer von jenseits, ein Jenseitiger, und seine Frau Sarah ist auch vom Jenseits. Unser Erscheinen ist von anderswoher. *Hier*, sehen wir, befruchtet das eine das andere und es kommen Kinder. Aber der Sohn, der verheißene, kommt von anderswoher; nicht von der Frau hier, sondern vom unsterblichen Leib, der von jenseits ist.

Im Christlichen finden wir das gleiche Muster: Erst die Empfängnis der Anna, von der die Legende erzählt, dann der Maria, wie sie nach der Bibel stattfindet. Geboren wird etwas von anderswoher aus einem Leib, der doch auch hier erscheint.

Unglaublich ist das, ›lächerlich‹, wie es der Name des Sohnes, Jizchak, selbst erzählt. Das Wort kommt von »zachek«, lachen, spöttisch lachen, im Sinne eines Kurzschluß-Lachens: Ist doch nicht möglich!

Dem Abraham wird also verheißen, daß er das bekommt. Und weil er es glaubt, schließt Gott mit ihm dieses Bündnis, kommt die Beschneidung, das Leben eine Oktave höher. Und Isaak ist der erste, der am achten Tag beschnitten wird. Abraham ist bei der Beschneidung schon gegen hundert Jahre und Ismael dreizehnjährig und das ganze Gesinde erwachsen, jedenfalls nicht mehr acht Tage alt.

Verstehen wir gut: Wir selber sind es, die das Gefühl haben: Irrsinnig, gibt's doch nicht! Dennoch Ja sagen – das ist das Glaubenserlebnis. Die Erwartung ist, daß wir den Sohn mit dem Namen Jizchak (Isaak) ins Leben schicken, der die Unmöglichkeit ausdrückt, nämlich daß es ihn nach Gesetz und Erfahrung gar nicht gibt. Und verhält es sich mit der Auferstehung nicht genauso? Leben und Tod und Grab, kann man sagen, das stimmt mit dem Gesetz überein –, aber Auferstehung?

Dennoch so leben, hoffen, obwohl alles aussichtslos erscheint, vertrauen, auch wenn man immer wieder enttäuscht wird, das bringt etwas ganz Neues: ein Leben aus dem ewigen Leib, das alle Variationen, diese Vielheit enthält. Ein neues Sein, ein ganz neues Erlebnis. Paulus weist im Brief an die Galater auch auf diesen Zusammenhang zwischen Isaak und dem Messias hin.

Normalität und Durchbruch

Was bedeutet das nun bei uns selber? Suchen wir im eigenen Leben nicht auch nach etwas, das aller Logik zuwiderläuft, jeder Kausalität spottet? Wir wollen doch gern das Unglaubliche wahrhaben, uns das erträumen, was hätte sein können, wenn es auch hier nicht sein kann. Ist das vielleicht schon Anfang des Glaubens, des Vertrauens? Das zu glauben, was beweisbar ist, ist ja kein Glaube, ist ›normal‹. Im Hebräischen steht dafür das Wort »chol«, das dem Stamm nach mit »choleh« identisch ist: Krankheit. Normalsein heißt dem Gesetz Unterworfensein, und dann ist man eigentlich krank, weil man sich ständig vor allem fürchtet, was man dann erleben könnte. Bestimmte Rubriken in Zeitschriften handeln nur davon, wie man das oder jenes verhüten könnte. Angst vor lauter Bedrängnis.

Während das Gesundsein im Hebräischen mit dem Wort für Schöpfung, mit ›kreativ‹ identisch ist: Gesundsein durchbricht gerade den Zustand der Norm! Dieser Sohn, der so ›unmöglich‹ geboren wird, ist auch ein Durchbrechen der Norm. Wenn wir uns an ein Leben nach der Norm gewöhnen, dann gewöhnen wir uns sozusagen an ein Leben im Trott des Krankseins.

Die Frage ist, ob wir die Norm in unseren Träumen, in unseren Wachträumen durchbrechen können, sie für uns als eben nicht *immer* gültig sehen. Gewiß rechnen wir mit der Norm, müssen das, sollen es auch. Die Norm ist, könnte man sagen, das Erscheinende, während im Durchbrechen der Norm das Jenseitige, die andere Seite sich manifestiert; das Jenseitige ist also gerade das im Menschen, wodurch ein Durchbruch entstehen kann.

Als Antwort, fast könnte man sagen, als Lohn dafür, daß er glaubt, erhält Abraham von Gott die Ankündigung: Ich werde mit dir ein Bündnis machen, und ein Zeichen dieses Bündnisses wird die Beschneidung sein. Konkret zeigt sich dieses Zeichen gerade dort, wo für den Menschen neue Generationen kommen könnten. Die Umhüllung dieser Stelle wird zum Teil weggenommen, so daß der Kern sichtbar wird.

Und die Beschneidung ist doch etwas, das Gott uns mitteilt, das Geheimnis uns gegenüber, der Name aller Namen, Gott, dem wir näherkommen wollen. Das Zeichen des Bundes stammt von ihm. Wer das nur im Körperlichen sieht und für eine hygienische Maßnahme hält, zeigt damit eine schreckliche Gefangenschaft im Einseitigen. Es ist gerade Ausdruck einer Sehnsucht zum Ganzen. Und weil Abraham diese Sehnsucht hat, wird er mit dem Unglaublichsten konfrontiert.

Auferstehung

Wie steht es mit unserem Glauben an den Sohn? Sterben, Tod – aber dann, was dann? Und was ist mit den Menschen, die seit Jahrtausenden gestorben sind? Wo sind sie?

In den vielen alten Geschichten, die sich mit diesen Fragen beschäftigen, wird auch gefragt: Und deine Träume, die du hattest, deine Wünsche, die hier nicht in Erfüllung gingen, was ist damit? Wird das Unrecht gutgemacht werden, die Enttäuschungen? Die Auferstehung gilt nicht nur für das äußerliche Leben, sondern umfaßt auch alles, was zu diesem Leben gehörte.

Der auferstandene Leib, heißt es, enthält alle Phasen deines Lebens und alle Träume, Erwartungen, Hoffnungen, die du hegtest. Das Leid ist dort sozusagen wieder recht gemacht, aufgerichtet, zum Guten gekommen. Die Auferstehung ist keine Mitteilung über biologische Vorgänge, denn dann wäre alles wieder dem Entweder-Oder unterworfen. In der Auferstehung ist vielmehr die Gefangenschaft in der Alternative aufgehoben, alles wird sozusagen zugleich erlebt und im Erleben auch erfüllt.

Das ist für uns unvorstellbar wie dieser Sohn, wie Jizchak. Wo werden wir wieder sein, wie soll das gehen, so etwas gibt's doch nicht. Ich habe schon auf die unvorstellbaren Leistungen eines Computers hingewiesen, die wir nicht nachvollziehen können. Aber wenn es der Computer kann, dann ist vielleicht auch die Möglichkeit eines Verstehens vorstellbar, wo all das auch im Sinne des Bewußten erlebt werden kann.

Wie sich für uns der Raum als unendlich darstellt, so zeigt sich auch die Zeit. Nie kannst du den Raum durchschreiten, die Zeit übersehen, auf dem Weg deines Bewußtseins ist das unmöglich. Es kommt von einer anderen Seite her, es ist bei dir etwas Jenseitiges, deshalb der Name Hebräer, von »ewer«, jenseitig. Das Jenseitige ist in jedem Menschen, deshalb beginnt die andere Genealogie bei Adam.

Abraham heißt doch auch der ›Vater der Menge der Völker‹. Ein hebräisches Wort für Volk, »am«, bedeutet ›mit‹: ein Miteinander, ein Zusammensein. Man sagt deshalb, deine Völker sind die Menschen und Dinge, mit denen du in deinem Leben zusammen bist, die du magst. Ein weiteres hebräisches Wort für Volk ist »goj«, das vom Wort »gewi«, Körper, kommt. – Das Ganze des Körpers ist also miteinbezogen. Vater aller körperlichen Erscheinungen. Dieser Vater, zu dem das alles gehört, der das alles übersieht – von dort her stammt alles.

Israel und die Völker

Es gibt Israel in der Welt, geographisch und historisch, aber es gibt genauso Israel im Menschen, in jedem Menschen. Israel ist sozusagen das Fazit des Menschlichen. Den Körper, wie er erscheint, nennt man die ›Völker‹, und Geist und Seele, die den Körper beleben, heißt Israel; der Geist, sagt man, ist Israel, und die Seele das, was in Israel die Leviten und die Priester und der Hohepriester sind.

In der Sprache kennt man auch diese Unterscheidung. Die Konsonanten, die Mitlaute, das ist der Körper, den man ja auch braucht, um die Mitlaute auszusprechen: Lippen, Zähne, Zunge, Gaumen. Die Vokale, heißt es, sind der Geist, das ist Israel. Und die Seele, die Leviten, die Priester in Israel, das ist die Melodie, der Ton, die Musik beim Sprechen. Deshalb hat das Hebräische so, wie die Rollen geschrieben werden, im Prinzip nur Zeichen für die Konsonanten, denn erscheinen kann nur das Körperliche. Aber wie ich Konsonanten ohne Vokale nicht lesen und einen Satz ohne eine Melodie nicht sagen kann, erfüllen Geist und Seele den Körper.

Wenn du ein Wort körperlich benutzt, aussprichst, dann hast du, sagt man, das Schweigen gebrochen: Geist und Seele sind jetzt gebunden an diese Konsonanten. Während im Schweigen alles frei und in Einheit ist. Von dieser Seite her gesehen bedeutet der Angriff der Völker auf Israel auch den Angriff des Konkreten auf Geist und Seele. Israel ist, sehen wir, in dieser Schicht keine biologische Angelegenheit mehr, sondern ist in jedem Menschen als Geist und Seele anwesend. Und eine zu starke Konfrontation mit dem Körperlichen meidet man gerade von dorther. Der Körper aber braucht doch Geist und Seele zum Leben, wie die Konsonanten die Vokale und die Melodie brauchen, damit Wörter und Sätze zustandekommen. Von dorther also wird das Konkrete beherrscht, von dorther komme das Wort, spreche es sich, dann ist das Konkrete anders. Das Konkrete soll nicht vom Konkreten her, sondern vom Jenseitigen her beherrscht werden.

Ich komme auf diesen Sohn zurück, der nicht aus der Begegnung von Konkretem mit Konkretem hervorgeht, sondern aus dieser Empfängnis vom Jenseitigen her. Und ich hoffe, Sie spüren, daß es sich dabei um uns handelt, denn unser alltägliches Erleben spielt sich in der Verzweiflung des Untergehens, des Nicht-verstanden-werdens ab. Dennoch machen wir weiter, dennoch hoffen und glauben wir – obwohl es ›zum Lachen‹ ist –, weil wir nicht gern der Norm entsprechen, nicht gern krank sind. Ein Durchbruch vom Jenseits könnte kommen: Kreation, Schopfung. Schöpfen aus diesem Brunnen, der von Wasseradern unterirdisch, aus dem Verborgenen gespeist wird, und das Wasser trinken! Deshalb die vielen Brunnen-Geschichten in der Bibel, denn hier ist das Kreative, das Gesunde im Menschen da.

Dieses Kreative spielt also eine wichtige Rolle. Der kreative Mensch glaubt gern das Unglaubliche, das sich auf anderen als den gewohnten Wegen verwirklicht. Es wächst, es geht weiter, hier bleibt nichts gleich. Wie die Zeiten sich ändern, ändern sich die Phasen deines Lebens. Es können Tage kommen, wo du ganz neu wirst und den neuen Weg weitergehst, keinen Rückfall erleidest. ›Fallen‹ wird im Hebräischen in seiner Struktur gleich geschrieben wie das Wort für Schlange. Wir sprechen doch auch vom Sündenfall. Mit der Schlange erlebt der Mensch die Konfrontation mit dem Konkreten, das ihn wie die Schwerkraft, die Anziehungskraft der Erde hinunterfallen läßt.

Wenn du Wünsche hast, Träume, Vertrauen, Glaube, dann sehnst du dich nach Nicht-Konkretem. Israel im Menschen zeigt diese Beziehung, glaubt gerne an das, was nicht diesseitig ist. Ist nicht der Haß auf Israel, der sich wie ein roter Faden durch die Geschichte zieht, auch etwas bei uns selber, daß man eigentlich diese Seite von Geist und Seele in sich nicht mag? Hat man Angst davor, Angst vor der Liebe, vor der Einswerdung? Die Angst vor dem Tod als definitiver Trennung vom Leben bedeutet zu gleicher Zeit ein Nicht-einsehen-, Nicht-eintreten-können in die Region von Geist und Seele. Eine Blockade im Menschen selbst, und dennoch sehnt er sich danach.

Wenn wir den Begriff Israel nicht in erster Linie im Sinne des Rassischen auffassen, kommt er uns gleich näher. Gewiß gilt das in letzter Konsequenz auch, das zu leugnen hieße, das Leben hier leugnen. Aber dieses Leben hier lebt eben von dort, vom Unermeßlichen her, aus der Unendlichkeit von Geist und Seele.

Offenstehen

Die Glaubensseite im Menschen ist also die Seite, wo er Beziehung sucht, Beziehung möchte und nicht leben kann ohne Beziehungen. Glaube bedeutet nicht nur den

Glauben an ein Dogma, an ein Axiom, an eine Theorie oder Philosphie, sondern auch vor allem ein Offenstehen für das, was von allen Seiten kommt. Dies ist ein weiterer Aspekt der Abraham-Geschichte: die Offenständigkeit. Sie charakterisiert den glaubenden Menschen, das heißt, den Menschen, der Vertrauen schenkt und gern Vertrauen empfängt.

Als Abraham von Gott das Geschenk der Beschneidung erhält, sitzt er, wie im 1. Mose 18 erzählt wird, in der Hitze des Tages in seinem Zelt. Das Traumbild Zelt bedeutet: kein festes Haus, vielmehr eine Wohnung, die auf dem Weg mitzieht. Sie hat keine Fundamente hier, die sie an einem Ort erstarren lassen würde, sondern zieht im Leben von Station zu Station mit, wird immer wieder abgebrochen und neu errichtet. Die Väter leben in Zelten.

Er sitzt also im Zelt, und die Überlieferung erzählt, daß sein Zelt nach vier Seiten offen ist, damit er alles, was vorüberzieht, sehen und hereinrufen kann. Gerade das Fremde, Unbekannte läßt er ein. Er sitzt dort am dritten Tag nach der Beschneidung, wie die Überlieferung sagt, denn am dritten Tag, heißt es, tut die Beschneidung weh. Die Beschneidung tut weh, denn man leidet darunter, daß einem eine Welt, eine Weltsicht genommen ist. Es tut körperlich, aber vor allem auch menschlich weh. Man sehnt sich zurück, weiß aber, der alte Zustand ist verschwunden. Die Vorhaut ist weg, begraben, sagt man. Es ist auch ein Brauch im Judentum, daß man die Vorhäute beschnittener Kinder sammelt und in einem Sarg auf dem Friedhof beisetzt. Denn die Beschneidung ist, sagt man, eine Entsprechung des Sterbens. Wie der Beschnittene Entsprechung der Auferstehung ist.

Es tut weh, er leidet noch, da sieht er Leute vorbeiziehen, drei Männer. Er ruft sie herein und bewirtet sie, hört ihrer Geschichte zu. Und sie sagen ihm doch, was Gott ihm schon verheißen hatte: In einem Jahr werden wir wieder hier sein, und dann werdet ihr einen Sohn haben. Und wiederum das Lachen, jetzt nicht von Abraham wie bei Gottes Ankündigung (1. Mose 17,17), sondern von Sarah; die Frau lacht. Gefragt, warum sie lacht, leugnet sie ihr Lachen, weil sie sich schämt.

Nun ist diese Episode auf den ersten Blick etwas verwirrend erzählt. Denn als Abraham sie draußen sieht, ist von drei Männern die Rede; später dann, als sie das Unglaubliche mitteilen, werden sie als Engel erkannt. Und am Ende des Gespräches zeigt sich: Es ist der Herr selbst.

Es ist seine Offenständigkeit, die dem Abraham die konkret irdische, aber wiederum auch himmlische Botschaft bringt: In einem Jahr wird das Unmögliche eintreten. Nach der Überlieferung wird dieser Sohn an Passah geboren; der Auferstandene also. Eine Parallele; wir sehen hier, wenn wir nur wollen, *eine* Wurzel.

Sodom

Drei Engel, drei Boten aus einer anderen Welt, die uns etwas mitteilen. Der eine Engel bringt uns die Botschaft von der Geburt des Sohnes, die beiden anderen begeben sich nun nach Sodom. (Im Hebräischen ist die Betonung auf der letzten oder vorletzten Silbe; in den europäischen Ländern hat man die Neigung, auf der ersten Silbe zu betonen, und deshalb kommt es immer wieder zu falschen Aussprachen, zum Beispiel beim Begriff Sephirot – wo richtig die letzte – oder dem Namen Sebulon – wo richtig die vorletzte Silbe betont ist.)

Sodom ist die Stadt, wo Lot wohnt, der Sohn Harans, des Bruders von Abraham, der erst mit Abraham zusammen war, sich dann aber getrennt hatte (1. Mose 13, 6-13). Viele Geschichten der Überlieferung erzählen über Sodom. So ist es dort zum Beispiel Brauch, daß jeder Fremde, jeder Gast, der nach Sodom kommt, als erstes auf ein Bett ausgestreckt wird, und er muß genau passen. Ist er zu kurz, wird er passend gezerrt, ist er zu schlank, wird er auf die passende Breite gepreßt, ist er zu lang oder zu breit, schneidet man die überstehenden Stücke ab. Am Ende, wenn er dann genau paßt, ist er tot – ein toter Gast. Dann stimmt er überein. – Sie kennen diese Geschichte wahrscheinlich auch aus der griechischen Mythologie, wo dieses Bett als Prokrustes-Bett bekannt ist.

Bett heißt im Hebräischen »mitah«; und »midah«, das fast gleich tönt, ist ›Maß‹, ›Maßstab‹. Das Traumbild Bett wird in der Deutung als Maßstab gesehen. Sodom ist also eine Seite im Menschen, wo man so ›zu‹ ist, daß kein Gast eingelassen wird. Und wenn sich doch einer hineingeschmuggelt hat, wird er gleich dem Maßstab Sodoms unterworfen und ist am Ende tot. – Hier also der genaue Gegensatz zur Offenständigkeit Abrahams, der diesen Sohn, diese Auferstehung des Passah erlebt. Während Sodom in seiner Verschlossenheit, das einen lebendigen Gast nicht zuläßt, untergeht.

Die zwei Engel kommen nach Sodom und finden Aufnahme in Lots Haus. Die Bewohner von Sodom fordern Lot auf, sie herauszugeben, damit man mit ihnen nach dem Brauch Sodoms verfahren kann. Lot weigert sich und läuft nun selbst Gefahr, ergriffen zu werden. Die Engel retten ihn und schlagen die Menge mit Blindheit, so daß sie die Tür nicht mehr finden können.

Einer der Engel hat den Auftrag, Sodom zu verwüsten. Auch hier müssen wir durch die historische und geographische Außenseite dieser Mitteilung ins Innere der Bedeutung für uns vordringen. Dann erkennen wir: Wenn an der einen Seite der Sohn geglaubt, die Auferstehung mitgeteilt wird, wird an der anderen Seite bei uns Sodom vernichtet, unsere starre Verschlossenheit, unsere Abkapselung, die darin besteht, daß wir Neues nicht akzeptieren, daß wir nur hören wollen, was uns paßt. Nur diese Offenheit kann den verheißenen Sohn, kann die Auferstehung bringen; dann geht auch Sodom unter.

Lot und seine Töchter

Warum hat Lot die Engel aufgenommen? Weil er, heißt es, in der Nähe Abrahams lebte. Die Überlieferung weist darauf hin, daß der Name Lot im Aramäischen Schlange bedeutet, und das will sagen: das Konkrete im Menschen. Wenn im Menschen der Vater des Glaubens lebt, wenn der Mensch glaubt, dann gewöhnt sich alles Konkrete bei ihm an diese Art Leben. Der glaubende Mensch freut sich, wenn Gäste kommen, hört gern, was sie zu sagen haben, möchte ihr Erleben miterleben. Das Einbeziehen der Gäste gehört zu seinem Wesen.

Lot, sagt man, ist daran gewöhnt und nimmt die Gäste zu sich herein. Der Körper des Menschen ist die Schlangen-Seite; in der Sprache entspricht sie der Konsonanten-Seite. Diese Seite also gewöhnt sich daran. Der Engel läßt dann den Lot seine Frau und seine zwei Töchter holen und sagt: Wir müssen fort aus dieser Welt, denn sie geht unter. Aber Lot und die Seinen wollen das nicht glauben, wie der Körper nicht glauben will, daß der Körper untergeht. Objektiv, wissenschaftlich weiß man das schon, aber kein Mensch glaubt richtig daran, daß ihm das passieren kann. Es macht nichts, sagt der Engel, die Welt wird untergehen und du wirst weiterleben, und er zieht den Lot mit seiner Frau und den beiden Töchtern heraus, während im Rücken, hinter ihnen Sodom untergeht. Das will sagen: der Körper stirbt, auch das vergangene Erlebte stirbt. Und trotz der Warnung des Engels, nicht zurückzuschauen, dreht sich die Frau um und erstarrt zur Salzsäule.

Schon die alte Deutung sagt: Wenn bei dir etwas untergegangen ist, dann schau darauf nicht zurück, gehe weiter. Auch beim Sterben nicht zurückschauen, denn alles, was du gehabt hast, bleibt dir und noch viel mehr dazu, nämlich auch alles, was du hier geträumt hast. Lot, der Körper des Menschen, sehen wir, geht doch weiter, während die weibliche Seite erstarrt, zur Mumie wird, könnte man sagen. Denn das Zurückschauen auf dieses Leben bringt die Erstarrung. Laß untergehen, was untergeht. Schau auf die freudigen Momente zurück, dann siehst du, daß sie ewig sind, denn das in Freude Erlebte kann nicht untergehen.

Lot zieht mit seinen beiden Töchtern weiter, und sie lassen sich dann in einer Höhle nieder. Sie glauben jetzt, daß sie ganz allein in der Welt sind. – Versuchen wir, diese Situation auch auf unser eigenes Leben zu beziehen: Wie erleben *wir* das? Das Gefühl des Alleinseins in einer neuen Phase, wenn Altes untergegangen, das Erscheinende des Alten erstarrt ist. – Die Panik in diesem Alleinsein, die die Töchter ergreift: Wie soll es weitergehen? Wie können wir Kinder haben, wenn kein Mann für uns da ist?

Und die Bibel erzählt dann die merkwürdige Geschichte von den Töchtern, die mit ihrem Vater schlafen, um Kinder zu bekommen. Auch dies natürlich ein Traumbild, das gedeutet werden will. Als der einen Tochter dann ein Kind geboren wird – immer noch dort, könnte man sagen –, nennt sie es Moab, das bedeutet: vom Vater. Und die andere Tochter nennt ihr Kind Ammon, ›dem Volk gehörend‹, ›mein Volk‹. Vom Körper also, von Lot, kommt dieser Sohn Moab, und von Moab ist doch Ruth, Stamm-Mutter des David, des Messias.

Das Körperliche, sehen wir, wird tatsächlich einbezogen. Es sind Erlebnisse des Menschen in seiner Einsamkeit, in der er sozusagen sich selber befruchten will, keine Zeugung von anderswoher. Auch dann kommt es zu etwas, hat vielleicht einen schwierigen Weg. Wenn Sehnsucht, Leiden, Verzweiflung im Menschen herrscht – immer antwortet Gott, nichts bleibt ohne Antwort.

Bei unserem Thema ›Gotteserfahrung‹ geht es mir darum, das Göttliche im Menschen zu erkennen, denn Gott ist im Menschen, und der Mensch in Gott. Gott ist nicht distanziert, ist keine fremde Willkür-Macht, die man günstig stimmen müßte.

Die Lehrer im Ursprung

Von Abraham, der Quelle unseres Glaubens, unseres Vertrauens, unserer Treue möchte ich jetzt noch einen weiteren Aspekt besprechen. Er ist doch ein Hebräer, von »ewer«, einer von ›jenseits‹ also, jenseits vom Diesseits. Er kann hier also gar nicht erfaßt werden. Und Ewer heißt einer der Stammväter Abrahams. Dieser Ewer ist ein Enkelsohn von Sem, der mit Ham und Japhet zu den drei Söhnen Noachs gehört. Diese Namen sind Ihnen sicher von der Sintfluterzählung her bekannt. Sem also, hebräisch Schem, bedeutet ›Name‹. Sem in uns ist das, was Namen gibt. Sein Enkelsohn heißt ›Jenseitig‹. Sem und Ewer: der Name jenseitig. ›Im Anfang ist das Wort, und das Wort ist bei Gott, und Gott ist das Wort‹, heißt es doch am Beginn des Johannes-Evangeliums, und einige Verse weiter: ›Und das Wort wird Fleisch‹. Die Überlieferung berichtet, daß Abraham bei den Lehrern Sem und Ewer lernte. Und es heißt, Sem und Ewer sind auch die Lehrer von Isaak und Jakob, der beiden anderen Patriarchen.

Was lehrt uns? Wer sind unsere Lehrer im Ursprung, in der Tiefe unseres Innern? Es ist das, was ›Name‹ und ›jenseits‹ heißt. Wir müssen sie in der Welt gar nicht suchen, denn wir können ihnen in uns selbst begegnen. Dort leben sie und geben sich uns durch ihre Namen zu erkennen.

Abraham, der Vater des Glaubens, hat seine Lehrer im Jenseitigen. Er begegnet doch dem geheimnisvollen Malchizedek (Melchisedek), wie es die Bibel im 1. Mose 14, 18-20 erzählt, und da sagt man in der Überlieferung, in der viel über Malchizedek gesprochen wird: Das ist Schem. Malchizedek wird auch in den Psalmen genannt und kommt im Hebräerbrief vor, in dem ihm das ganze siebte Kapitel gewidmet ist.

Sintflut und Zeit-Geschehen

Im Zusammenhang mit unserem Thema möchte ich auch noch von einer anderen Art Gotteserlebnis sprechen, einer negativen Art, kann man fast sagen, die für uns aktuell ist. Ich glaube, Gotteserlebnisse, die nicht aktuell sind, sind keine. Man beschreibt Gotteserfahrung dann in wissenschaftlichen Studien; aber uns geht es hier um das Erlebnis, das Offenbarungserlebnis. Es ist die bekannte Erzählung von der Sintflut, an die ich jetzt denke. Bis heute suchen Archäologen nach der Arche am Berg Ararat. Aber selbst wenn man sie finden würde – man hätte doch nur ein Objekt, könnte vielleicht ein Museum eröffnen, um den Tourismus auch in diese abgelegene Region zu lenken.

Was ist die Sintflut eigentlich? Wasser, sahen wir schon, ist Zeiterlebnis. Wasser zum Trinken braucht man, um seine Person, sein Ich in der Zeit zu erleben, damit das Ich sozusagen Ausdehnung, Platz bekommt.

Wenn es Zeit braucht, nimmt es auch Raum ein. Es bekommt einen Ort, eine Beziehung, eine Wurzel.

Einschenken, sagen wir; Wasser als Geschenk, das dem Bedürfnis des Menschen nach Wasser entgegenkommt. Wasser, das fließt, das ausgeschenkt wird, ist Zeit, die uns geschenkt wird. Wozu? Damit wir das Erlebnis, das, sagen wir einmal, blitzartig stattfindet, in der Ausdehnung nacherleben und wiedererleben können. Ich möchte dem Blitz einen Raum geben. Im Raum, dem Unteren als dem Gegenüber des Göttlichen, sogar dort im Extrem des Unteren möchte ich Gott einen Platz einräumen. Einer der hebräischen Namen Gottes ist dann auch »makom«, Ort.

Einen Ort haben, hier sein, hier das Wunder des Blitzes vom Jenseits erleben, das sich hier in der Welt, nahe der Erstarrung, doch noch manifestieren kann. Man kann es kaum glauben und freut sich immer, wenn hier im Konkreten etwas Wirklichkeit wird.

Zeit – wenn wir trinken, herrscht Freude, der Durst wird gelöscht. Wir brauchen es und sehnen uns danach, ›wie der Hirsch nach frischem Wasser lechzt‹, heißt es doch im 42. Psalm. Dieses Sich-sehnen nach Wasser, nach Zeiterlebnis ist etwas Schönes. Man lebt in der Zeit, wie man mit einem Schiff auf dem Wasser fährt, kann sich fortbewegen auf der Zeit. Ein hebräisches Wort für Schiff lautet »aniah«; es ist, könnte man sagen, die weibliche Form des Ich, »ani«. Weibliche Form bedeutet: erscheinend. Das Schiff als Möglichkeit, Zeit zu erleben, indem man die Zeit überblickt, und sich weiter fortzubewegen. »Aniah« bezeichnet ein Schiff, das gelenkt, gesteuert wird, wie das Ich es gern möchte.

Dem Trinken, das erquickt, gegenüber gibt es aber auch das Ertrinken. Ertrinken im Wasser, Traumbild für das Untergehen in der Zeit. So wird auch die Sintflut gedeutet: Ein Untergehen an einem Zuviel an Zeit. Es wird zuviel berichtet, ein Übermaß an Informationen, an Erlebnissen, man geht daran zugrunde.

Gefallene Engel

In der Vorgeschichte der Sintflut kommt die merkwürdige Mitteilung, daß ›die Söhne Gottes‹ oder ›die Söhne der Götter‹ zur Welt kommen und sich mit den ›Töchtern der Menschen‹ vermischen (1. Mose 6,2). Das hebräische Wort »elohim«, eine Mehrzahlform, läßt sich sowohl mit Gott als auch mit Götter übersetzen. Wenn wir Gott sagen, meinen wir die Einheit aller Zusammenhänge, die Einheit der Welt, der Möglichkeiten. Götter bedeutet: diese Einheit zertrümmert, zerbrochen in Vielheit. Während ich die Götter nach ihrer Art mir irgendwie günstig stimmen muß, kann ich das bei Gott gar nicht; Gott kann man, wie es erklärt wird, nur lieben. Um mit Göttern gut verkehren zu können, gibt es eine Technik. Bei Gott, der ja *alles* umfaßt, ist das ausgeschlossen; da gibt es nur die Suche nach einer Beziehung. Man kann sich diesem Ganzen nur ganz hingeben und dieses Ganze nur ganz hinnehmen.

Nun, diese Söhne der Götter oder Gottes, heißt es, vermischen sich mit den Töchtern der Menschen. – Ein tief im Menschen verborgenes Traumbild. Die Töchter des Menschen: was aus dem Menschen hervorkommend sich zeigt, erscheint in Raum und Zeit. Da hinein mischen sich diese Göttersöhne. Einen ganzen Komplex von Mythen hat diese Mitteilung hervorgerufen, denn hier wird etwas wie die Wurzel des Menschen überhaupt berührt. Man spricht in diesem Zusammenhang von den ›gefallenen Engeln‹. Wenn wir darin nur einen theologischen Begriff sehen, gibt es keine Beziehung mehr. Was sind die gefallenen Engel eigentlich?

Gott erschafft, so wird erzählt, diese Welt aus Liebe, weil er das Bedürfnis hat, einen anderen die Freude erleben zu lassen, die er selber hat. Dazu erschafft er das Gegenüber, damit dieser andere den ganzen weiten Weg vom äußersten Ende bis zu ihm gehen kann: also diese Einswerdung. Dazu schenkt er, wie man sagt, eine vollkommene Freiheit, weil eine Allmacht nur eine Allmacht-Freiheit schenken kann, keine korrumpierte oder begrenzte Freiheit.

Diese Liebeshandlung, die ganze Freiheit dem anderen zu schenken, bedeutet, sich selber zu streichen. Das nennt man in der Sprache der jüdischen Überlieferung »zimzum«: ein Sich-zurückziehen, bis man gar nicht mehr wahrgenommen werden kann. Damit alles frei bleibt für den, der geliebt wird, damit er ohne irgendeine Einschränkung den ganzen Weg gehen kann.

Diese vollkommene Liebeshandlung, die ein Gefühl, eine Emotion ist, kann nur erfahren werden, wenn auch das Gegenüber da ist; *nur* Liebe wäre langweilig süß, eigentlich nichts. Mit der Liebe erschafft er zugleich das Gegenteil von Liebe, nämlich den Haß und den Neid. Und das sind die gefallenen Engel. Diese vollkommene Liebe bringt zugleich einen vollkommenen Haß hervor.

Jetzt besteht das Leben in der großen Auseinandersetzung: Liebst du mich, liebe ich dich? – diese fortwährende Auseinandersetzung bis zur Verzweiflung. Geschieht mir Recht oder geschieht mir nicht Recht? Wer kann das wissen? Jeder könnte bei sich doch immer auch Makel finden. Aber, könnte man sagen, der andere hat vielleicht noch viel mehr Makel. Doch in einem Liebesverhältnis empfinde ich *meine* Makel als entscheidend, die Makel des anderen sind, könnte man sagen, nicht meine Angelegenheit. Es ist auch dort das Bedürfnis da, sich auszusprechen, sich kennenzulernen, sich das mitzuteilen, im Schweigen, nicht in Worten, in Gesten – es drückt sich irgendwie aus.

Das ist die Situation der gefallenen Engel, und es heißt, das sind diese Söhne von dort, die sich tatsächlich mit dem Erscheinenden des Menschen vermischen, diesen ›Töchtern‹ – das Weibliche, das aus jedem Menschen hervorkommt. Es mischt sich, und daraus entstehen die Riesen, wie es im 1. Mose 6,4 heißt.

Riesen werden die Menschen genannt, die ihre Namen sehr achten, also großen Wert auf ihre Wichtigkeit, ihren Status legen. Versuchen wir, auch das bei uns selbst zu erleben, anstatt es auf andere zu projizieren. Denn als Menschen im Bild und Gleichnis Gottes lebt dies alles in uns.

Wenn nun diese Söhne vom Himmel, diese sogenannten gefallenen Engel hier sind, ruft das, wie wir heute sagen würden, ein ungeheures Informationsbedürfnis hervor. Es kommt dann die Sintflut, hebräisch »mabbul« – etymologisch verwandt mit Babel –, das Verwirrung bedeutet. Und wenn wir heute von einer

›Informationsflut‹ sprechen, dann ist es gerade dieses Massenhafte, diese Vielheit, die uns verwirrt. Man hat das Gefühl einer schrecklichen Verlassenheit. Ich müßte alles wissen, möchte es auch, kann doch aber nur einen ganz kleinen Teil wissen. Es geht einfach nicht, ich ertrinke.

Wenn wir das Bild der Sintflut in unser Erleben übersetzen, dann finden wir zum Beispiel: Härte beim Durchsetzen unserer Interessen; ein Nichtgönnen der Liebe; Böses vom anderen denken und reden; unser Bedürfnis, die Zeit, die Jugend, die Alten zu kritisieren; usw.. So könnten wir eine Ahnung bekommen, was Sintflut ist. Die Welt und die Menschen werden überschwemmt von all dem, man geht darin unter. Immer erlebt der Mensch die Sintflut, den Untergang der Welt, das Gefühl von Ratlosigkeit und Verzweiflung: Es geht nicht, es gibt nichts, alles ist zu viel, ich kann es nicht mehr ertragen.

Überleben im Wort

Da gibt es einen Menschen mit Namen Noach, der Zehnte in der Generationenfolge seit Adam. Das Zehnte ist das Ende einer Reihe: das immerwährende Jetzt. Der Name Noach bedeutet Tröster, trösten, auch besänftigen, ruhen. Getröstet ist man, wenn man sanft wird und zur Ruhe kommt, nicht sein Recht fordert, sondern hinnimmt. Wer sein Recht durchsetzen will, kommt niemals an ein Ende. Viele Geschichten erzählen davon, daß es eigentlich nie Gerechtigkeit geben kann, weil immer der eine den anderen bestrafen wird.

Im jüdischen Brauchtum ist es die bekannte Geschichte vom Lämmlein, die an Pessach erzählt wird und ungefähr so geht: Mein Vater kaufte mir ein Lämmlein für zwei Sus. Da kam die Katze und biß das Lämmlein tot. Das sah der Hund, fand es gar nicht in Ordnung, und hat die Katze gebissen. Da sah der Stock, der nicht wußte vom Lämmlein, wie der Hund die Katze biß, und schlägt den Hund. Da kommt das Feuer und verbrennt den Stock, auch aus Gerechtigkeitsgefühl. Da kommt das Wasser und löscht das Feuer. Da kommt der Ochse und trinkt das Wasser. Da kommt der Schlächter und schlachtet den Ochsen. Und dann kommt der Todesengel und tötet den Schlächter. Am Ende kommt Gott und nimmt den Todesengel weg.

Mit anderen Worten, Gerechtigkeit erzeugt hier eine endlose Reihe, immer will jeder wieder Recht schaffen, indem er den anderen bestraft. Das geht ohne Ende.

Eine Geschichte für Kinder, sagt man, und sie wird am Ende des Pessach- oder Passah-Abends, spät in der Nacht also, an dem die Mahlzeit stattfindet, gesungen oder erzählt. Am Ende der Zeit, sagt man, sind die Kinder schläfrig und können nur noch Geschichten hören. Und wenn die Kinder – das sind wir doch selber – Geschichten zuhören, dann ist es gut, dann ist es der Weg zur Erlösung.

So kommt also Noach, der Tröster. Er hat mit Gott eine Beziehung, denn, heißt es, wenn du Trost bringen willst, dann ist das schon der Beweis für deine Beziehung zu Gott, ein Zeichen, daß du mit Gott verbunden bist. Ihm teilt Gott mit, wie er die Sintflut, diese Informationsschwemme, überleben kann: Baue dir eine Arche!

Im Hebräischen lautet das mit Arche übersetzte Wort »tebah«, und das bedeutet in erster Linie ›Wort‹. Gott teilt ihm also mit, daß er sich das Wort bauen solle. Nicht das Wort, das die Stille zerbrechen muß, das ausgesprochene Wort, sondern das Wort, das unausgesprochen in uns lebt, wodurch wir uns überhaupt etwas vorstellen können. Das schweigende Wort, könnte man sagen, das Erleben, das innen bleibt, nicht den Drang hat, sozusagen zu explodieren, in Lauten aus dem Mund hervorzukommen.

Dieses Wort, sagt Gott, baue dir, dreihundert Ellen sei es lang, fünfzig breit und dreißig hoch. Und nun ist es merkwürdig, daß diese drei Zahlen das Wort für Zunge, Sprache bilden: »laschon«, 30-300-50. Ein Geheimnis der Sprache wird hier mitgeteilt, das fast an der Oberfläche liegt und daher einlädt, einzutreten und tiefer und tiefer hineinzugehen. Und in dieses Wort, sagt Gott, nimm alles aus deinem Leben auf, Tiere und Pflanzen und alle Menschen, die zu deinem Leben gehören.

Das Wort, das dich leben läßt, wenn alles untergeht. Das Wort, das im Anfang ist, wie im Prolog des Johannes-Evangeliums gesagt wird, das Wort, das bei Gott ist, das Wort, das Gott ist und, wie es dann weiter heißt, Fleisch wird.

Wenn bei uns dieser Untergang in der Schwemme von Informationen droht oder sogar schon im Gange ist, dann ist zugleich bei uns auch dieser Trost da. Mag sein, daß Leiden, eigenes oder fremdes, bei uns den Trost hervorruft, erweckt. Jedenfalls meldet sich dann

Trost. In der Verzweiflung über das harte Urteil: So und so steht's mit dir, da gibt es wissenschaftlich keine Heilung, usw., meldet sich das Besänftigende, Tröstende.

In diesem Zustand erfolgt die Mitteilung im Menschen, daß es das Wort gibt. Der Mensch hört das nicht mit den Ohren, er vernimmt es, nimmt es hin, das Wort. Daß eigentlich alles überlebt, weil es das Wort gibt, das das Wort vom Himmel ist, und das Wort vom Anfang ist, bei Gott und Gott ist. Und dann begibt sich Noach in dieses Wort mit den Maßen der Sprache. Denn ein Wort ohne diese Maße, die man kennt, ist tot, hat kein Leben. Wenn ich ein Wort in einer Sprache höre, die ich nicht kenne, sagt es mir nichts, ist es für mich unverständlich. Maße des Wortes ist die Zunge, die Sprache. Hineingehen können und im Trost das Wort, den Traum, das ganze Erlebnis empfinden und so überleben.

Von Mose erzählt doch die Bibel, daß er von seinen Eltern in ein ›Kästchen‹ gelegt wird, um ihn vor dem Tod zu bewahren, den Pharao für alle männlichen Kinder der Hebräer vorgesehen hat (2. Mose 2,3). Das hebräische Wort für Kästchen ist ebenfalls »tebah«, also das gleiche Wort, das in der Sintflut-Erzählung mit Arche wiedergegeben wird. Mose überlebt, weil er in das Wort gelegt wird.

Schweigendes Wort

Was ist das für ein Wort, und wie soll das gehen? Ist es ein Traum-Wort, nach dem der Mensch sich sehnt? Er sehnt sich doch nach einer Antwort, nach einer Begegnung. Man sagt, dieses Wort kann gar nicht mit den Konsonanten und Vokalen, die wir kennen, ausgesprochen werden, es gibt nämlich einen jenseitigen Konsonanten. Es ist der dreiundzwanzigste, unbekannte Konsonant zu den zweiundzwanzig Konsonanten des Hebräischen, die wir kennen, mit denen die Wörter aller Sprachen ausgesprochen werden können. Mit ihm, heißt es, würde man *alles* in der Sprache übersehen, *alles* ausdrücken können. Jetzt aber kann der Dreiundzwanzigste nur im Schweigen erlebt werden. Zeigt er sich vielleicht in einer Bewegung, in einer Geste, oder im Ausdruck des Auges? Ach nein, antwortet man dann, immer zeigt sich doch der Mensch mit einem Lächeln im Antlitz und einer Träne in den Augen. Es bleibt also unausgesprochen, ob es Glück oder Leid ist.

Das wahre Wort ist nicht das ausgesprochene, sondern das schweigende Wort. Manche Menschen haben das Bedürfnis, alles in einem Wortschwall mitzuteilen, spüren aber selbst schon, daß immer mehr auf Stein fällt und versandet. Dieses schweigende Wort zeugt von einer Scheu, alles, was das Gemüt bewegt, ausdrücken zu müssen.

Die »tebah« –, wohin trägt sie den Menschen? Aus der Verwirrung in eine andere Welt. Nicht in den Himmel, das wäre der Tod; aber vielleicht auch in einen Tod. Denn der Tod, heißt es, ist eine Entsprechung des Schlafes oder des Schweigens. Und der Mensch als Adam heißt doch ›ich gleiche‹, ›ich schweige‹. Im Schweigen zeigt sich das Gleichnis Gottes. Es ist, spürt man, ein Hinübergehen in der »tebah«.

Viel wird in der »tebah« erlebt, große Stürme, das Wort droht zu zerbrechen, wie es heißt. Und viele Geschichten der Überlieferung erzählen von den großen Aufregungen in der »tebah«. Dann kommt der Moment, wo Ruhe eintritt, die Arche ruht auf dem Berg Ararat. Dieser Name ist wie eine Wiederholung, im jüdischen Brauch bezeichnet Ararat den sanften Singsang, in dem man die Überlieferung liest. Kein trockenes Lesen, sondern ein Singsang, der deinem Lesen der Überlieferung sozusagen ein eigenes Leben verleiht. Du lernst auf den Wellen dieses Gesanges, der dem Zuhörer, der gar nicht weiß, worum es sich handelt, eintönig aber doch auch lieblich tönt.

Eigentlich bedeutet Ararat die Verborgenheit in der Zweiheit. Der Zahlenwert des hebräischen Wortes »ararat«, 1-200-200-9 = 410, ist identisch mit dem Wert der verborgenen Zwei (Zwei, »beth«, 2-10-400; äußerer Wert: 2, voller Wert: 412, verborgener Wert: 410. Siehe dazu F. Weinreb, ›Zahl, Zeichen, Wort. Das symbolische Universum der Bibelsprache‹, Thauros Verlag). Das will sagen: Dieses Wort ruht nicht auf der *erscheinenden* Zweiheit, sondern auf der *verborgenen*. Dieser doppelte Ursprung des Menschen, der im Schweigen da ist. Er meldet sich nicht: Das bin ich und das ist das, und jetzt müssen wir diskutieren, wie das zusammenkommt – nein, er ist Fundament im Schweigen.

So heißt es doch auch, daß die Liebe zwischen Männlichem und Weiblichem im Schweigen stattfindet, im Geheimen, nicht im Reden. Wenn es auf dieser verborgenen Zweiheit beruht, dann kommt die Frucht. Jetzt könnte die »tebah«, das Wort, sich öffnen.

Die Arche öffnet sich, und alles geht hervor aus dem Wort. Das Wort trägt viel, das aus ihm geboren wird. Auch meine Worte jetzt sind die Arche, die durch den Raum zu Ihnen schwebt, aufgenommen wird und sich beim Hörenden öffnen kann. Alles, was im Wort verborgen ist, was ich gar nicht hineingelegt habe, kann sich dort öffnen und ausbreiten. Für den Menschen gibt es dieses Geheimnis des Wortes, und es wirkt am stärksten im Schweigen.

Mit diesem Schweigen ist nicht immer die Stille gemeint. Mit jedem gesprochenen Wort kommt doch auch das geschwiegene in Obertönen mit, die weder gehört noch mit irgendwelchen Apparaten aufgefangen werden können. Das gesprochene Wort nimmt den ganzen Menschen mit sich mit, sein Wesen ist auch im Laut, der hervorkommt, so daß viel mehr mitschwingt als das, was gehört wird. So auch mit Mose, der im Kästchen liegend von der Tochter des Pharao aus dem Fluß geholt wird und so seinen Weg als Befreier, als König anfängt, nicht im politischen, im menschlichen Sinne. Ihm wird ja auch das Wort am Sinai gegeben.

Weltengang als Liebesdrama

Sintflut geschieht eigentlich immer im Menschen, Verwirrung, Verzweiflung: Zu viel, das alles ertrage ich doch nicht. Wie kann ich je den anderen kennen, die Welt kennenlernen? Und zugleich das Bedürfnis nach Trost. Und indem du dich nach Trost sehnst, baut sich das Wort. Gott gibt die Maße, nicht du gibst sie, Gott gibt sie, weil er dir Liebe schenken möchte, das Erlebnis der Einswerdung. Gott verzweifelt sozusagen selbst an dem Haß, den seine Liebe zugleich aufgerufen hat. Eifersüchtig wie ein enttäuschter Liebender sagt er: Ich werde euch vernichten. Enttäuscht, weil ausblieb, was man erwartete, möchte man den Verursacher gleich bestrafen.

Gott ist nicht nur der kühle Zuschauer, sondern auch der heiße Eifernde, sogar der Zornige. Dem Liebenden ist das alles großes und tiefes Erlebnis, sonst wäre es keine Liebe, sondern nur ein Spiel. Aber dazu, glaube ich, ist das alles viel zu ernst. Der ganze Weltengang ist dieses Liebesverhältnis. Und ich glaube, Gott verzweifelt genauso, wie wir verzweifeln. Wir gleichen auch darin Gott, wie der Name Adam, ›ich gleiche‹, sagt, wie Gott uns gleicht. Dieses Gleichen gilt nicht einseitig, sondern für beide Seiten.

In der Sintflutgeschichte als Erlebnismöglichkeit kommt dann der Punkt, wo die Arche sich öffnet. Das Wort öffnet sich also, und alles kommt heraus, nicht nur das intellektuell Verständliche, wie wir glauben. Es ist viel mehr darin. Ein Glückwunsch zum Beispiel ist nicht nur ein Art Formel, die man aus Höflichkeit aussprechen muß, ein Wunsch ist ein Wort, das wie diese Arche zum anderen hinüberfährt und sich dort öffnen kann.

Das ganze Leben kommt aus dem Wort heraus, das Wort trägt eine Botschaft. Im Hebräischen stammt das Wort für Botschaft, »bessurah«, von »bassar«, Fleisch. Das Wort ist tatsächlich auch Fleisch, wird konkret. Das Wort trägt sehr viel, nur können wir das, was es bringt, nicht direkt kausal sehen. Denn auch beim

Wort, weil es von Gott ist, gilt diese Eigenschaft der Liebe, und damit steht es eben nicht in einem direkt wahrnehmbaren Zusammenhang, wirkt aber schon.

Liebender und Geliebter möchten gar keine Beweise, daß aus einem Wort genau das kam. Ihnen genügt das Wort, der Wunsch. Es braucht aber das Offenständigsein, damit der Wunsch wirken kann. Wenn man sich verschließt – der sagt nur schöne Worte, was kann daraus schon kommen!? – dann kann die Botschaft auch nicht Fleisch werden.

Schem, Ham und Japhet

Im Zusammenhang mit den Lehrern von Abraham, der der Erste im Menschen im Glauben ist, haben wir schon von Schem gesprochen, der mit Ham und Japhet zur Dreiheit der Söhne Noachs gehört. Was tut ein Lehrer? Er überträgt, wie ein Liebender, das Kostbarste aus seinem Leben in das Leben des anderen, verbindet es zu einer Einheit. Er gibt sich, kann man auch sagen, ganz hin, streicht sozusagen sich selbst. Schem, in den Übersetzungen fast immer Sem, bedeutet, wie wir schon wissen, ›Name‹, das Benennen-können, das uns die Sprache ermöglicht. Als Sohn Noachs ist er das, was aus dem ›Trost‹ hervorgeht. Noach bringt die Welt hinüber. Das bedeutet: In uns bringt das, was nach Trost verlangt – und wenn einer sich nach Trost sehnt, heißt es, ist er auch imstande, Trost zu spenden –, die Welt aus der Verwirrung hinüber ins Neue. Wir dürfen uns das nicht in zeitlicher Folge vorstellen: Erst Verwirrung, und dann neue Welt; es ist wohl immer gleichzeitig, man kann es nicht trennen. Es sind Gefühle, die wir erleben.

Nun zu dieser Dreiheit der Söhne Noachs. Schem bedeutet also ›Name‹, Ham ›warm‹, ›Wärme‹, und Japhet ›Ausdehnung‹, ›Ausbreitung‹, ›Schönheit‹. In der Geschichte lesen wir, daß Noach die Arche öffnen kann, wenn ihm die Taube die Nachricht bringt, daß die Welt trocken ist. Die Taube, hebräisch »jonah« – so heißt doch auch der Prophet –, hat das Geheimnis, daß sie zu ihrem Ursprung zurückkehrt. Noach schickt sie weg, und sie kommt mit einer Nachricht zurück, dem Blatt eines Olivenbaumes. Es gibt hier also tatsächlich eine Beziehung.

Die Olive ist nach der Überlieferung, die von dem Vers im 5. Mose 8,8 ausgeht, die Frucht des sechsten Tages, des Freitags. Ihr Geschmack ist bitter. Am sechsten Tag, heißt es, wird die Olive gepflückt, am sechsten, siebten und achten Tag gepreßt, bis am achten Tag Öl da ist. Und ich habe auch schon erwähnt, daß das hebräische Wort für Acht, »schemona« von »schemen«, Öl, stammt. Nach diesen drei Tagen des Pressens – die drei Tage in der Unterwelt, könnte man sagen – erscheint am achten Tag das Öl.

Die Taube bringt die Botschaft von dieser Olive –, will sagen, in dieser Welt, in die du jetzt aus dem Wort hinaustrittst, wird dir das Leid, dieses Bittere, auch begegnen. Aber bedenke, das Bittere ist Rohmaterial, Grundstoff für das Öl, dieses Öl des Gesalbten, die Umhüllung mit dem Himmel.

Nachdem Noach mit den Seinen und allen Tieren die Arche verlassen hat, pflanzt er einen Weinberg, trinkt vom Wein, wird betrunken, und während er seinen Rausch ausschläft, entblößt er sich. Einer der Söhne sieht die Blöße seines Vaters und spottet darüber vor seinen Brüdern. Die beiden Brüder aber schauen nicht hin, nehmen vielmehr einen Mantel, und rückwärts ins Zelt gehend bedecken sie mit ihm die Blöße ihres Vaters. Als Noach dann erwacht und erfährt, was ihm sein jüngster Sohn angetan hat, verflucht er ihn: Du wirst immer Knecht der beiden anderen sein!, und die beiden anderen segnet er: Gott der Herr wird in den Zelten von Schem wohnen und Japhet wird bei ihm sein. (1. Mose 9,20-27). Im folgenden zehnten Kapitel werden die siebzig biblischen Völker genannt, und man sollte nicht versuchen, sie historisch oder geographisch zu identifizieren, denn es sind Völker im Jenseitigen. Sie leben *in* uns. Nach der Überlieferung sind in dem Schiff, mit dem der Prophet Jonah übers Meer nach Tarschisch fliehen will, die siebzig Völker durch siebzig Seeleute anwesend. Im Menschen bedeuten sie eine Vielheit von Erlebnis- und Ausdrucksmöglichkeiten.

Sündenfall nach der Sintflut

Die Geschichte von Noachs Rausch ist wie ein Traum im tiefsten Innern des Menschen, der nach Deutung verlangt, und viele Geschichten der Überlieferung erzählen davon. In der Reihenfolge der schon erwähnten sieben Frucht- oder Wachstumsarten ist der Weinstock die dritte. Die erste, an der rechten Seite stehend, ist der Weizen, aus dem das Brot kommt, also auch der Leib des Menschen, die zweite, in der Systematik links, die Gerste, dann als dritte, in der Mitte stehend, der Wein, die Traube – eine Zwillingsfrucht.

Beim Zwilling, beim Doppelten stehen sich zwei gegenüber. Auf der einen Seite im Wein das Geheimnis des Gott-gleichens im Menschen, andererseits die Möglichkeit des Falls in den Rausch. Der Rausch überwältigt sozusagen das Gleichnis Gottes. Es sind, kann man sagen, die bösen Geister, die gefallenen Engel, die Söhne des Himmels, die sich mit den Töchtern des Menschen mischen, die den Menschen in den Rausch versinken lassen. Und Rausch bedeutet, wie schon dort erklärt wird, nicht nur Weinrausch, sondern Rausch des Lebens, des Studierens, der Karriere, des Status, der Rechthaberei, usw. – das also, was den Menschen blind macht für das, was die Wirklichkeit der Welt und des Menschen eigentlich ist.

Dieses Geschehen nach der Sintflut stellt sich als eine Art neuer Sündenfall dar. Denn im Baum des Lebens und dem Baum der Erkenntnis des Guten und Bösen steht dem Menschen ebenfalls eine Alternative gegenüber. Baum des Lebens: Gott zuliebe tue ich es, weil er mich darum bittet, denn er liebt mich, und ich möchte ihn auch lieben, nicht untersuchen. – Baum der Erkenntnis von Gut und Böse: Erst möchte ich wissen, den Beweis, daß es so ist, wie er sagt, dann werde ich schon folgen. Aber für die Liebe könnte es dann zu spät sein. Diese Alternative deshalb. Und wir sehen, der Mensch fällt, das heißt, er geht in das Äußerste, Harte, möchte Beweise.

Bei Noach wiederum die Alternative. Entweder den Wein heiligen, sich mit ihm zum Segen verbinden im

Kiddusch, dem Heiligen des Weines, oder das ›Normale‹, »chol«, die Norm, der Rausch. Wiederum ein Fallen. Warum, könnte man sich fragen, ist der Mensch so hartnäckig? Ist die Sünde da, damit Barmherzigkeit wirken kann? Vielleicht besteht hier ein Zusammenhang mit dem Lieben. *Dennoch* liebe ich dich, sagt Gott, trotz deines Fallens. Wie im Hohelied Sulamith sagt: Ja, ich habe den Weinberg, den ich hätte hüten sollen, nicht gehütet. Aber dennoch sehnt sie sich nach dem Geliebten, denn sie ist überzeugt: Wenn er mich liebt, wird er sogar das hinnehmen, und nicht sagen: Du mußt bestraft werden und dich bessern. Von Besserwerden ist gar nicht die Rede. Es ist ein Gespräch zwischen Liebe an der einen und Liebe an der anderen Seite. So ist, glaube ich, überhaupt das menschliche Verhältnis zum Himmel, zu Gott und zu den Menschen, zu den Tieren, den Pflanzen. Ein Verhältnis um eines Nutzens willen heißt in den alten Begriffen ›Unzucht‹.

Im Rausch, wird erzählt, tritt die biologische Herkunft des Menschen hervor, nämlich daß er, wie man dann sagt, von einzelligen Wesen stamme, aus Sperma und Ei hervorgehe, usw.. Es bedeutet, eine Seite von uns sieht diese Herkunft und hat dann dieses spöttische, überlegene Lächeln: Schau, *das* sind wir also! Herkunft aus dem Diesseitigen. Irgendwann einmal gab es den sogenannten Urknall, damit setzte eine Entwicklung ein, die wir physikalisch, chemisch, biologisch verfolgen können, bis am Ende dieser Entwicklung *wir* kommen. Und unser Wissen wächst, wir übersehen immer mehr, können bald Dinge manipulieren, an die man bis vor kurzem nicht einmal zu denken gewagt hätte. Das ist also die eine Seite, die Ham-Seite im Menschen, die das sieht. Nach der Überlieferung war es der jüngste Sohn Hams, Kanaan.

Es bedeutet, daß wir auch etwas in uns haben – Geheimnis des Menschen –, das dieses wahrnimmt und auch ohne wissenschaftliche Beweise spürt, so muß es sein. Vor allem Sigmund Freud und die Psychologie beschäftigen sich mit diesem erschütternden Geheimnis, auf das ich hier nur hinweisen kann. Mit diesem Geheimnis kommt also etwas in uns zu einer anderen Seite in uns: zu Schem und Japhet. Diese andere Seite aber *will* das *nicht* wahrnehmen, *will* die Aufmerksamkeit *nicht* auf diese Herkunft, diese Struktur des Menschen lenken, die an sich gar nicht unwahr, wissenschaftlich wahr und richtig ist.

Trotzdem erfolgt in uns jetzt eine eigentümliche Reaktion: Schem und Japhet, die beiden anderen Söhne Noachs, verbinden sich und nehmen ein Kleid, »simlah«. Dieses Wort hat Beziehung zum Begriff ›links‹, denn es ist doch immer die linke Seite, die umhüllt, was an der rechten Seite Kern ist. Mit dem Kleid nähern sie sich dem Vater mit abgewandten Gesichtern, schauen also bewußt nicht hin. Ich glaube nicht, daß sie sich das auferlegen, sich sozusagen dazu zwingen. Es müßte mit uns so sein, daß es sich ganz von selbst nicht schaut. Jedenfalls gibt es im Menschen etwas, das dieses nicht sehen mag.

Die beiden bedecken die Blöße, und weil sie das tun, erhalten sie den Segen. Noach erwacht und übersieht nun, was der Mensch eigentlich ist, was in ihm sich abspielt. Er spürt dann, daß die Seite im Menschen, die dieses Exakte, dieses klare Irdische nicht sehen mag, die nicht geeignet ist, das so stark zu empfinden, den Segen bekommt.

Segen über Schem und Japhet

Das Segnen bezieht sich doch, wie ich schon sagte, auf Diesseits und Jenseits. Nicht nur ein reiches materielles Leben, das man jedem gern auch gönnt, und nicht nur ein Leben im Verborgenen, jenseits – *nach* dem Tod, denkt man dann sogar noch –, sondern Segen bedeutet beides. Deshalb schreibt sich Segen im Hebräischen auch mit der Zwei in allen drei Ebenen, die die Sprache kennt: 2-200-20. Die Einer bedeuten in der Sprache das Vergangene, die Zehner das Gegenwärtige und die Hunderter das Kommende. Ausführlich habe ich darüber in ›Buchstaben des Lebens‹ (Thauros Verlag) geschrieben, das von den zweiundzwanzig Zeichen des hebräischen Alphabets erzählt. Ein altes Wissen, verschüttet, aber doch auch noch lebendig.

Segen will sagen: Für den Menschen endgültig sinnvoll ist dieses Gefühl, daß es gutes Leben gibt, nicht nur im Verborgenen, im Geheimen, im Mysterium, sondern auch im Konkreten. Oft vergißt man, daß das Leben *hier* auch gerne gelebt sein möchte. Was sich uns alles in Schönheit darbietet, ist so verlockend, weil es, wie erzählt wird, erlöst werden will. Die Begegnung mit dem Menschen ist für die Natur, für die Welt erlösend, weil der Mensch im Bild Gottes ist, fast stellvertretend für Gott, kann man sagen, in jeder Situation.

Andererseits möchte das Leben auch nicht einseitig *hier* gelebt werden. Das wäre wieder der Rausch. Was mir den Rausch bringen würde, lehne ich ab, weil ich liebe. Wenn ich liebe, möchte ich gerade, daß das, was Rausch bringen würde, sozusagen in eine andere Ebene kommt, damit es sich mit mir vereint und ewig bleibt. Deshalb wird Schem mit Japhet verbunden, und sie bekommen den Segen. ›Gott breite Japhet aus, und er wird in der Wohnung von Schem leben‹ (1. Mose 9,27). Man übersetzt immer: ›in den Zelten Schems‹, aber Zelt bedeutet nicht nur das Zelt von Nomaden, sondern auch, daß der Wohnsitz nicht an einen Ort durch ein Fundament in der Erde gebunden ist. Man kann es abbrechen, weitertragen und seine Wohnung anderswo aufstellen. Zelt will sagen: Meine Situation ist nicht so, daß sie fest gemauert in der Erde ist, sondern freibleibend, kann hier und dort und dort sein. Die Väter leben in Zelten, Israel auf dem Weg durch die Wüste lebt in Zelten. Das ist also in erster Linie ein Bild.

Wer ist Japhet? Einer der Söhne von Jawan, und Jawan bedeutet ›Grieche‹, Ionier. Jawan als Grieche schreibt sich mit demselben Stamm wie »jonah«, Taube, wie der Prophet Jonah. Weil Jawan, der Grieche, im Menschen mit Schem zusammengeht, ist Japhet das Schöne, Schönheit; hebräisch »japha«, schön. Japhet ist das sich ausbreitende Schöne. Wie eine Wiese voller Blumen sich in Länge und Breite, in Vielfalt ausbreitet.

Schem bedeutet, wie wir schon wissen, Name. Ich kann den Dingen einen Namen geben und damit eine Beziehung zu ihnen herstellen, daß sie mir etwas sind und zu mir gehören. Gott in seinem Namen ›der Herr‹

wird im Jüdischen auch einfach nur »ha schem« genannt: ›der Name‹, denn in Gott, sagt man, leben alle Dinge, die einen Namen haben, die wir benennen, aber auch die, die wir noch nicht benennen können. Gott mag alles, hat zu allem eine Beziehung.

Ich habe schon darauf hingewiesen, daß in der jüdischen Überlieferung Schem identisch ist mit Malchizedek, der doch auch im Neuen Testament im Hebräerbrief eine große Rolle spielt. Der Name bedeutet ›mein König ist gerecht‹; »malchi«, mein König, und »zedek«, gerecht, wie »zadik«, das von »zade« kommt: ›Fischhaken‹. Es bedeutet, die Fische aus dem Wasser ziehen, den Menschen aus der Zeit herausholen, daß er nicht gefangen bleibt, sondern aus der Zeit befreit werden kann. Wer das vermag, wird ein Zadik genannt, meist mit Gerechter übersetzt. Aber bei diesem Ausdruck könnte man meinen, es sei jemand, der immer Recht hat und sehr darauf achtet, daß kein Fleckchen auf sein weißes Kleid kommt. Nun, so ein Fischer hat vielleicht sogar sehr viele Flecken, aber seine Freude ist, die Fische zu fangen, die Menschen, aber auch sich selber, aus der Gefangenschaft in der Zeit zu befreien. Denken Sie auch an das Symbol der Fische im Christlichen, den Fischerring des Papstes, die Bischofsmütze in Fischform, usw..

Jonahs Flucht

Japhet nun als Vater von Jawan, dem ›Griechen‹, aber auch der ›Taube‹, von der diese merkwürdige Geschichte in der Bibel erzählt wird, die wir als die Jonah-

Geschichte kennen. Gott gibt Jonah den Auftrag, nach Niniveh zu gehen und dort zu verkünden, daß Niniveh nach vierzig Tagen untergeht. Der Name – »nin«, Fisch, »neweh«, Wohnung – bedeutet Wohnung der Fische. Vierzig, die Mem, ist das Zeichen für Wasser, der Maßstab für Zeit. Mit der Vierzig wird die Zeit in der Bibel gemessen, vierzig Tage, vierzig Jahre – es bedeutet: die ganze Zeit, das Zeiterlebnis in seiner Vollkommenheit. Am Ende der Zeit, soll Jonah in Niniveh mitteilen, werdet ihr sterben. Eine Mitteilung, die uns gegeben ist, das wissen wir, das ist uns klar, und irgendwie müssen wir das verarbeiten.

Wenn uns diese Mitteilung erreicht, flieht Jonah. Wir mögen uns das nicht selber mitteilen. Jonah flieht nach Japha, dem Ort ›Schön‹ – wir kennen doch die Orangen von Jaffa – und findet dort ein Schiff, das nach Tarschisch fährt. Nach der Überlieferung liegt Tarschisch im äußersten Westen. Der Name setzt sich zusammen aus »tar«, »tor«, Form, das aus dem aramäischen Sprachgebrauch kommt, die Form, wie sie uns gegeben ist, und »schisch«, »schesch«, Marmor. Der Name Tarschisch will also sagen: Diese Form, die uns gegeben ist, bleibt ewig, wie Marmor, bleibt bestehen.

Wenn ich im Haus der Fische, die im Wasser, in der Zeit wohnen, verkünden soll: In der Zeit gibt es ein Ende, du wirst sterben –, dann fliehe ich diesen Tod und suche mich dorthin zu begeben, wo ich glaube, daß diese Form ewig bestehen könnte.

»Tar«, »tor« im Aramäischen ist im Hebräischen »schor«, Stier, Ochse, das Zeichen, in dem die Welt erschaffen wurde. Diese Welt im Zeichen des Stieres möchte ich sozusagen zu Marmor machen, sie soll *bleiben*, ewig bleiben.

Dorthin fliehe ich mit einem Schiff, »aniah«, mit meinem Ich. Das Schiff hat, wie die Überlieferung erzählt, siebzig Seeleute, das sind die siebzig Völker. Dieser Jonah in uns begibt sich ins Innere des Schiffes und schläft ein. Die siebzig Seeleute – jeder Seemann ist ein Volk – sind wach und lenken das Schiff nach Tarschisch. Es kommt aber nicht weit, denn Gott sendet einen gewaltigen Sturm. Unser Ich gerät in Sturm, Jonahs wegen. Die Seeleute, die das nicht wissen können, versuchen herauszufinden, weswegen das Schiff in Sturm geraten ist. Sie werfen das Los, sie untersuchen das Schicksal. Aber keiner der Siebzig findet, daß er Ursache sei. Die Siebzig, die Völker sind das Äußere – in der Sprache: die Konsonanten –, das, was unser Körper ist. Aber dann entdecken sie einen, der im Innern des Ich schläft. Und sie wecken Jonah: Warum schläfst du? Es herrscht Sturm, unser Schiff droht zu zerbrechen, wir gehen unter! – Es ist meinetwegen, sagt Jonah, ich bin vor Gott geflohen. Seine Mitteilung vom Ende der Zeit, daß dann alles aus ist – das mag ich nicht, das will ich von mir nicht wissen. Ihr, die Siebzig, die Vielheit der Welt, ihr werdet mich dorthin führen, wo die Form ewig ist, wo ich bleiben kann, wo ich schön bleibe wie ein griechischer Jüngling. Der Sturm wird sich nur beruhigen, wenn ihr mich ins Meer werft, in die Zeit. Ich soll der Zeit preisgegeben werden.

Sie werfen ihn ins Meer, und es kommt ein Fisch, der Jonah verschluckt. Nach der Überlieferung ist es der

Leviathan, der Urfisch, von dem die Fische kommen. Das Leben in der Zeit wird vom Leviathan gelenkt. Wenn er eine Flosse rührte, heißt es, stürzte die Welt zusammen. Der Leviathan trägt die Welt, er ist der Fisch, der am Tisch des Messias im Jenseits verspeist wird. Viele jiddische Lieder erzählen von dieser Mahlzeit, bei der die Zeit, alles, was wir in der Zeit erlebt haben, Teil von uns wird.

Drei Tage ist Jonah im Bauch des Leviathan, dann speit er ihn wieder dort an Land, wo er das Schiff nach Tarschisch bestieg. Und auch die siebzig Seeleute kehren zurück, ziehen, wie es heißt, nach Jerusalem und bringen dort Opfer für Gott. Jerusalem bedeutet das Zentrum des Seins, und Opfer, hebräisch »korban«, von »kareb«, sich nähern, bedeutet, daß sie Gott näherkommen wollen. Das Äußere des Menschen tut also schon das Gute, nur der verborgene Jonah erträgt es irgendwie nicht, sich das Untergehen im Tod mitzuteilen.

Umkehr in Niniveh

An Jonah, wieder auf das Trockene ausgespien, ergeht zum zweiten Mal Gottes Wort: Geh nach Niniveh und sage dort: in vierzig Tagen geht Niniveh unter. Und jetzt geht er hin und verkündet es dort. Da kommt es im Haus der Fische, im zeitlichen Leben des Menschen zu einer Revolution, weil, kann man sagen, Jonah das erlebt hat: Alles will jetzt umkehren, »teschuwah« tun. Was bedeutet Umkehr? Die Richtung ändern. Immer haben wir im Leben in Richtung Leistung gestrebt, jetzt wenden wir uns dorthin, woher wir kamen, wo uns klar wird, daß geleistet wird: Nicht *wir* tun, es tut sich, Gott tut. Wer ist Gott? Der, der mich liebt, mir nah ist, mir gegenübersteht. Doppelter Ursprung auch hier: Gott und Mensch sind wir, von dort her kommen wir. Dieses Gegenüberstehen: Liebe Gott, gib dich ihm hin.

Niniveh kehrt um. Es bedeutet, uns wird jetzt klar, daß nicht *wir* tun, zu tun haben, tun sollten, sondern, daß *es sich tut*. Zu unserer Herkunft zurückschauend, zum Ursprung, sehen wir, wie alles kam bis jetzt und auch weitergeht, ohne daß wir es unserer Leistung zuschreiben müßten. An mir ist es, beziehungsreich zu leben, für den anderen da zu sein, da ich seit Anbeginn in einem Verhältnis der Liebe existiere.

Und das Unerwartete tritt ein: Niniveh bleibt bestehen. Wenn der Mensch umkehrt und dadurch einsieht, daß es sich tut, gibt es keinen Tod, nur Sein, das ewig ist. Immer tut es sich, es hat einen Sinn. Ich muß die kommende Welt nicht verdienen, muß nicht brav sein, um ins Paradies zu kommen. Ich bin, wie ich bin. Was ich tun kann – und vielleicht ist es das Einzige, das von mir zu tun verlangt wird –: Beziehungen zu suchen zum Jenseitigen, zum Diesseitigen, die Verbindung, die nicht auf Berechnung beruht, sondern gelebt, erlebt wird.

Die unerwartete Wendung, daß Niniveh nicht untergeht, verstört Jonah. Das in uns, das immer bedrohend auftrat, bekommt nicht Recht; unser Leid, das uns bedroht hat, lassen wir nicht gern im Stich. Wir hängen sozusagen auch an unserem Unglück. Haben wir nicht Recht gehabt, gelitten zu haben? Ein merkwürdiges

Recht-haben-wollen, das Jonah in Konflikt mit Gott bringt, der doch sagt: ›Und ich sollte mich nicht erbarmen über Niniveh, die große Stadt, in der mehr als zwölf Myriaden Menschen sind ... dazu vieles Vieh?‹ (Jonah 4,11).

Erlösung im Zeichen des Jonah

Fortwährend, heißt es, ergeht Gottes Auftrag an Jonah, und fortwährend sucht Jonah nach Tarschisch zu fliehen, wird im Meer vom Fisch verschluckt, ausgespien, usw. – fortwährend geschieht das, weil Jonah in jedem Menschen lebt. Das ist eigentlich das Geheimnis unseres Ich. Jonah, Jawan – der Grieche, von dem gesagt wird, er geht aus, um Tarschisch zu erreichen, und kehrt zurück wie die Taube. Der Grieche durch Japhet mit Schem, dem Hebräer, zur Einheit verbunden. Wie in unserer Welt, in unserer Kultur das Alte Testament hebräisch ist, von Schem, und das Neue Testament griechisch, von Jawan, von Japhet. Das Hebräische von rechts nach links geschrieben, die Zeichen an einer gedachten oberen Linie hängend, das Griechische von links nach rechts geschrieben, auf unterer Linie stehend – auch wie ein Hin- und Zurückkehren.

Was ist das Hebräische bei uns, das Jenseitige, Ewer, Lehrer Abrahams, wodurch wir überhaupt die Beziehung zu den Namen haben können? Wenn wir Namen vom Diesseitigen her geben, sind es Objekte, keine Beziehungen. Daß die Namen aus unserem Jenseitigen hervorkommen, stellt die Wärme der Beziehung her. Dann ist Ham unser Knecht, das heißt, dann dient er unseren Beziehungen. Die Wärme der Beziehung ist durch unseren Knecht Ham sozusagen gewährleistet.

Japhet in uns, Jawan, ist das, was ausfliegt wie die Taube, denn Jonah erträgt dieses Sterbenmüssen nicht, möchte alles fest und bleibend haben. Zurückkehrend dann teilen wir es Niniveh mit und sehen, es geht nicht unter, und spüren den Fehler, der uns anhaftet: Recht haben wollen. Man vergleicht es mit dem Sündenfall, der ›Erbsünde‹: Im Leid habe ich Recht. Deshalb spricht man von der Erlösung im ›Zeichen des Propheten Jonah‹ (Matthäus 16,4); das will sagen: Wenn wir das richtig erleben, dann sind wir dem Erlöser gegenüber. Dann erleben wir auch persönlich Erlösung als Befreiung aus der Gefangenschaft von Raum und Zeit, aus den Banden des Kausalen, des zwingenden Logischen. Es kommt uns nämlich das Erlebnis einer Beziehungswelt, einer Welt, in der Liebe herrscht, die Totalität einer Liebe, auf die der Mensch bauen kann.

Das Leben im Paradies, sagt man im Judentum, besteht darin, daß man an goldenen Tischen sitzt und die Thora lernt. Die Thora ist die Quelle des Erlebens, und die Erlebnismöglichkeiten sind unendlich. Die Geschichten wollen Bilder geben, die weiter und weiter leben, offenständig für alle Kulturen. Wenn keine Beziehungen zwischen den Kulturen bestehen, bedeutet das Feindschaft, Fremdsein. Also wieder Abgrenzung, Angst – Enge, wo ein Offenstehen, wie bei Abraham sein müßte. Das Erzählen in Bildern läßt alle Freiheit des Erlebens, schließt die Gefahr des Erstarrens aus.

Diese Geschichten können uns freimachen und uns ermutigen, unser eigenes Leben voll von Geschichten zu sehen und nicht am Leid hängenzubleiben.

Vielleicht können diese Geschichten auch Anlaß sein, die Dinge immer mehr in dieser Freiheit zu erleben, die aber sehr stark an ein Prinzip gebunden ist: das Bedürfnis, Liebe zu schenken und Liebe zu empfangen. Diese Liebe zum Menschen, zur Welt, zur Geschichte, zur Zukunft, zum Nächsten, zum Feind ist das entscheidende Fundament. Auf Liebe, auf Güte, hebräisch »chesed«, ist, wie es heißt, die Welt gebaut. Es ist das Fundament, das einzige, das uns sozusagen bindet. Eine Bindung, von der wir sagen könnten: Das sind Ehen, die im Himmel geschlossen sind, Ehen, die ewig bleiben und die wir natürlich gerne behalten wollen.

Friedrich Weinreb

GottMutter. Die weibliche Seite Gottes.

Das Hebräische offenbart verborgene Schichten des Wortes, wodurch Mißverständnisse um die Rolle der Frau Klärung finden und neue überraschende Einsichten sich auftun. Kontroversen um männliche Herrschsucht und weibliche Unterdrücktheitsgefühle erscheinen unter Einbeziehung biblischer Wort-Wurzeln in ganz neuem Licht. So zeigt Weinreb zum Beispiel, daß der mit »Herr« wiedergegebene Gottesname weiblich ist und gar keine männliche Person bezeichnet, sondern vom »Herrschen des Seins« spricht. Ähnlich überraschende Einsichten bietet das hebräische Wort für Mutter. Und wer sich fragt, warum die Bibel davon spricht, daß die »Frau« nicht reden soll und ihr Haar zu bedecken hat, findet in dieser Schrift auch eine einleuchtende Antwort.

2. Auflage. 88 Seiten. Broschiert.
Format 13 x 21 cm.
ISBN 3-88411-040-3

Thauros Verlag D-88171 Weiler im Allgäu

Friedrich Weinreb

Schöpfung im Wort

Die Struktur der Bibel in jüdischer Überlieferung

Weinrebs Hauptwerk, 1963 als erste seiner Veröffentlichungen auf dem Gebiet der jüdischen Überlieferung erschienen, liegt nun ungekürzt in deutscher Sprache vor. Die unter dem Titel »Der göttliche Bauplan der Welt« 1965 erschienene stark gekürzte erste deutsche Ausgabe bezeichnete Friedrich Weinreb in seinem damaligen Vorwort »als Einführung in die hoffentlich bald zu erwartende vollumfängliche deutsche Ausgabe ... das Buch braucht nämlich ... tatsächlich jedes Wort der ursprünglichen Fassung, um in seiner ganzen Bedeutung einigermaßen richtig eingeschätzt zu werden.«

Entsprechend kompakt und unausschöpflich ist der Text jeder Seite dieses Buches. Geht es dem Autor doch darum, die überwältigende Vielgestaltigkeit der Welt und allen Lebens im Wort der Bibel einzusehen. Seit Jahrtausenden ist diese Einsicht im Judentum überliefert; aber in jeder Zeit will und muß sie ganz neu und ursprünglich erlebt werden, um als Lebensweise ins Verhalten des Menschen überzugehen, wo allein sie fruchtbar und zukunftsweisend sein kann.

Ein umfangreicher Anhang enthält die Anmerkungen und Quellenangaben des Autors, eine Bibliographie der wichtigsten Quellen der Überlieferung, Editorische Notizen, Biographische und bibliographische Angaben zu Friedrich Weinreb sowie einen ausführlichen Registerteil: Personen- und Sachregister, Register der hebräischen Wörter, Zahlen-Register, Register der Bibelstellen.

»In Weinrebs Auslegung gewinnt die Schrift eine ungeahnte Tiefe, in der die Umrisse der inneren Struktur der Welt, Sinn des Daseins und Sinn der Schöpfung, sichtbar werden.«
Neue Zürcher Zeitung

»Tatsache ist, daß dieser großartige, von der Liebe zur Tradition bestimmte und zugleich wissenschaftlich fundierte Versuch nicht ohne Einfluß auf die moderne Bibelexegese bleiben dürfte, auch auf die der Christen.« – *Die Welt*

»Wer als Christ das Gespräch mit dem Judentum sucht, sollte an Friedrich Weinreb nicht vorübergehen. Sein Buch »Schöpfung im Wort« bietet den Schlüssel zu seinem Gesamtwerk. Er gibt auf die Fragen nach der Inspiriertheit der Bibel eine recht ungewöhnliche Antwort. Neu gerät sie in den Blick: ganz Gottes Wort, ganz Menschenwort. Weinrebs Verständnis der Bibel unterscheidet sich grundsätzlich von den üblichen exegetischen Methoden. Er ist auf seine Weise wirklich alternativ. Eines seiner hermeneutischen Prinzipien besagt, daß Struktur und »Begriffe des Wesentlichen« in der hebräisch geschriebenen Bibel unübersetzbar sind. »Die Übersetzung ist also nur ein Medium, um zum ursprünglichen Text eine Verbindung herzustellen.« (S. 24). Weinreb erläutert die Bibel in einer Weise, daß sich seine rhetorische Frage positiv beantworten läßt, nämlich »ob die Bibel nicht die Schöpfung selbst ist, nur in anderer Form, in anderer Beschaffenheit, nämlich in der des Wortes.« (S. 60) ... In dem grundlegenden Werk Weinrebs geht es in vielfacher Weise um die Rückkehr zum Ursprung nach vorne in der Zeit.« – *Geist und Leben, Heft 2/1996*

Ungekürzte Ausgabe. 956 Seiten.
Leinen im Schuber. Format 15,5 x 22,5 cm
ISBN 3-88411-028-4

Thauros Verlag D-88171 Weiler im Allgäu

Friedrich Weinreb
Psychologie der Sehnsucht
Entwurf einer biblischen Seelenkunde

Hat die Sucht die Sehnsucht abgelöst? Vielleicht sehnt sich die Seele, allen psychologischen Methoden zum Trotz, nach dem Auszug aus der Gefangenschaft jener gigantischen Kultur- und Unterhaltungsindustrie, mit der wir uns betäuben. Der Autor zeigt, wie die Sehnsucht nach Erlösung den Bannkreis der Süchte durchbrechen und das wiedergefundene Glück seinen Ausdruck im Leben finden kann.

»Psychologie könnte nur aus dem Erlebnis vom Baum des Lebens her erklärt werden, wo der Baum der Erkenntnis selbstverständlich miteinbezogen ist. Und Sehnsucht stellt eigentlich die Frage: Wie komme ich zur Ewigkeit?«

Reihe WEINREB TONTEXT BIBLIOTHEK
246 Seiten. Broschiert. Format 15 x 23 cm.
ISBN 3-88411-048-9

Thauros Verlag D-88171 Weiler im Allgäu